Schriftenreihe der UFITA Heft 33
Archiv für Urheber-, Film-, Funk- und Theaterrecht
Herausgegeben von Dr. jur. Georg Roeber, München

Horst von Hartlieb

DIE FREIHEIT DER KUNST UND DAS SITTENGESETZ

Schriftenreihe der UFITA Heft 33
Archiv für Urheber-, Film-, Funk- und Theaterrecht
Herausgegeben von Dr. jur. Georg Roeber, München

Vorwort

Der Verfasser dieser Abhandlung, Rechtsanwalt Horst *von Hartlieb*, hat sich durch seine wissenschaftlichen Arbeiten und durch seine langjährige Anwaltstätigkeit längst als ein hervorragender Sachkenner auf dem Gebiet des Filmrechts ausgewiesen. Es ist deshalb zu begrüßen, daß er mit dieser Untersuchung ein Thema aufgegriffen hat, das nicht nur für die theoretische Klärung der verfassungsrechtlichen Lage, sondern auch für die Praxis der Filmprüfung durch die Freiwillige Selbstkontrolle der Filmwirtschaft und durch die Staatsanwaltschaften und Polizeibehörden (sowie die Strafgerichte und Verwaltungsgerichte) von besonderer Bedeutung ist.

Das Verhältnis zwischen der durch Art. 5 Abs. 3 GG garantierten Freiheit der Kunst und dem Sittengesetz hat seit den gerichtlichen Entscheidungen zum Film „Die Sünderin" in den Jahren 1952 und 1954 die Rechtsprechung der Verwaltungsgerichte und der Strafgerichte immer wieder beschäftigt. In den letzten Jahren sind auch umfangreiche wissenschaftliche Arbeiten erschienen, die sich mit diesem Thema auseinandergesetzt haben (*Erbel, Ropertz, Knies*). Zu den in der Rechtsprechung und im Schrifttum geäußerten Auffassungen, die das Problem in sehr verschiedener Weise zu lösen versucht haben, nimmt der Verfasser eingehend Stellung.

Die besondere Bedeutung seiner Untersuchung sehe ich darin, daß er in einer methodisch überzeugenden Weise den Versuch macht, den Begriff der Kunst im Sinne des Art. 5 Abs. 3 GG nach formalen Gesichtspunkten näher zu bestimmen. Einen Schritt in dieser Richtung hatte der Verfasser bereits früher getan; jedoch geht er mit seinen jetzigen Überlegungen über seinen früheren Vorschlag („echte" Kunst) weit hinaus. Nicht weniger bemerkenswert als der Versuch, den Begriff der

Kunst mit den Merkmalen der Phantasie, des Ästhetischen und der Qualität zu erfassen, sind seine Bemühungen um den Begriff des Sittengesetzes. Mit vollem Recht weist er auf die Wandelbarkeit der von der Gesellschaft als verbindlich anerkannten sittlichen Normen hin, die einem Absolutheitsanspruch des Sittengesetzes im Sinne des Art. 2 Abs. 1 GG entgegenstehen. Ob freilich die von ihm vorgenommene Unterscheidung zwischen dem Sittengesetz als den jeweils herrschenden moralischen Wertvorstellungen im Sinne des Art. 2 Abs. 1 GG und den „allgemeingültigen ethischen Grundnormen", die für die Staats- und Gesellschaftsordnung konstituierend und damit auch für die Kunst verpflichtend sind, wirklich fruchtbar ist, möchte ich hier nicht entscheiden. Wahrscheinlich würde ich den Begriff der „allgemeinen grundlegenden Anschauungen über die ethische Gebundenheit des einzelnen in der Gemeinschaft" etwas weiter fassen, als der Verfasser es tut, und ihn mit den herrschenden moralischen Wertvorstellungen identifizieren. Aber ich stimme mit dem Verfasser darin überein, daß die Grenzen, die das Sittengesetz der durch Art. 5 Abs. 3 GG verbürgten Freiheit der Kunst zieht, ihre „fundamentale und existentielle Funktion im liberalen und demokratischen Rechtsstaat" nicht gefährden dürfen. Deshalb möchte ich seiner These, daß der dialektische Prozeß zwischen Sittengesetz und Kunst als ein Prozeß zwischen demokratischem Majoritätsprinzip und rechtsstaatlichem Minoritätenschutz gesehen werden muß, ausdrücklich zustimmen.

Die Abhandlung von Hartliebs trägt viel dazu bei, die Beziehungen zwischen Freiheit der Kunst und Sittengesetz zu klären und die verfassungsrechtlichen Grenzen, die der Freiheit der Kunst gezogen sind, richtig abzustecken. Keine künftige Untersuchung dieser Probleme wird an dieser Arbeit vorbeigehen können. Sie ist aber auch allen, die praktisch an diesen Fragen mitzuarbeiten haben und damit die Verantwortung für ihre richtige Lösung tragen, nachdrücklich zu empfehlen.

Carl Hermann Ule

I. Abhandlungen

Die Freiheit der Kunst und das Sittengesetz

Von Rechtsanwalt **Horst von Hartlieb**, Wiesbaden

Die rechtliche Problematik der Beziehungen zwischen Kunstfreiheit und Sittenordnung im Rahmen des Grundgesetzes der Bundesrepublik, die eine Interpretation des Kunstbegriffes, des Begriffs des Sittengesetzes, des Umfangs der Freiheitsgarantie und des Umfangs der eventuellen Freiheitsschranken umschließt, und die im demokratischen Rechtsstaat fundamentale politische und kulturelle Bedeutung besitzt, ist in den letzten Jahren in der Rechtsprechung und der Rechtslehre häufig und umfassend behandelt worden. Wichtige Entscheidungen liegen vor und interessante Grundsätze wurden entwickelt, so daß eine breite Ausgangsbasis für weitere Untersuchungen und kritische Anmerkungen vorhanden ist. Grundsatzurteile des Bundesverfassungsgerichts (BVerfG), des Bundesgerichtshofes (BGH) und des Bundesverwaltungsgerichts (BVerwG) haben sich mit dem Umfang der Kunstfreiheit, der Meinungsfreiheit und der sie einschränkenden verfassungsrechtlichen und gesetzlichen Vorschriften befaßt. Zahlreiche wissenschaftliche Abhandlungen haben versucht, den Kunstbegriff zu definieren, die Kunstfreiheit zu interpretieren und die Grenzen der Kunstfreiheit zu fixieren.

Trotz dieser umfangreichen Rechtsprechung und Rechtslehre kann jedoch weder von einer klaren und einheitlichen Begriffsbildung, noch von einem gültigen und befriedigenden Ergebnis die Rede sein. Das gilt ganz besonders für die Interpretation der Kunstfreiheit und der Sittenordnung sowie deren Verhältnis zueinander.

1. Die divergierende höchstrichterliche Rechtsprechung

Das Bundesverfassungsgericht hat sich bisher noch nicht direkt zur Frage der verfassungsrechtlichen Kunstfreiheitsgarantie und ihrer eventuellen Grenzen geäußert. Es existieren jedoch drei BVerfG-Urteile, die mittelbar für diesen Fragenkreis von Interesse und Bedeutung sind. In einem Urteil vom 16. Januar 1957[1]) stellt das Bundesverfassungsgericht fest, daß das Grundgesetz (GG) neben der allgemeinen Handlungsfreiheit, die Art. 2 Abs. 1 GG gewähr-

---

[1]) BVerfGE 6,32.

leiste, die Freiheit menschlicher Betätigung für bestimmte Lebensbereiche, die nach den geschichtlichen Erfahrungen dem Zugriff der öffentlichen Gewalt besonders ausgesetzt sind, durch besondere Grundrechtsbestimmungen geschützt habe. Bei der allgemeinen Handlungsfreiheit des Art. 2 Abs. 1 GG habe es keines Gesetzesvorbehalts bedurft, weil sich aus der Beschränkung der freien Entfaltung der Persönlichkeit durch die verfassungsmäßige Ordnung der Umfang staatlicher Eingriffsmöglichkeiten ohne weiteres ergebe. Bei den anderen Grundrechten habe das Grundgesetz durch abgestufte Gesetzesvorbehalte abgegrenzt, in welchem Umfang in den jeweiligen Grundrechtsbereich eingegriffen werden könne. Unter der verfassungsmäßigen Ordnung, die neben den Rechten anderer und dem Sittengesetz die freie Entfaltung der Persönlichkeit im Sinne der allgemeinen Handlungsfreiheit beschränken soll, könne nur die allgemeine Rechtsordnung verstanden werden, welche die materiellen und formellen Normen der Verfassung zu beachten habe, also eine verfassungsmässige Rechtsordnung sein müsse[2]). Das bekannte „Lüth-Urteil" des Bundesverfassungsgerichts vom 15. Januar 1958[3]) behandelt die Kollision zwischen dem Grundrecht der freien Meinungsäußerung und privatrechtlichen Schutzvorschriften. Hier hat das Bundesverfassungsgericht den Grundsatz aufgestellt, daß das Grundrecht der freien Meinungsäußerung zwar nach Art. 5 Abs. 2 GG der Beschränkung durch die allgemeinen Gesetze und damit auch durch die privatrechtlichen Schutzvorschriften unterliege, diese Gesetze jedoch ihrerseits im Hinblick auf die für die freiheitlich-demokratische Staatsordnung zur Ermöglichung der ständigen geistigen Auseinandersetzung und den Kampf der Meinungen schlechthin konstituierende Bedeutung des

---

[2]) Weiter heißt es wörtlich in diesem Urteil (aaO. S. 38): „... Dieses Ergebnis kann nicht mit dem Hinweis darauf entkräftet werden, daß ‚verfassungsmäßige Ordnung' in anderen Bestimmungen des Grundgesetzes unzweifelhaft etwas anderes bedeute, der Begriff aber überall denselben Inhalt haben müsse. Die Auslegung hängt vielmehr von der Funktion ab, die der Begriff innerhalb der jeweiligen Norm zu erfüllen hat. Die Analyse der gesetzlichen Tatbestände, in denen der Begriff vorkommt, ergibt, daß er stets einen Kreis von Normen umschreibt, an die der jeweilige Normadressat gebunden sein soll. Daraus erhellt ohne weiteres, daß der Umfang des jeweils die verfassungsmäßige Ordnung darstellenden Normenkomplexes, dem diese Bindungswirkung zukommt, nicht für jeden der — unter sich ganz ungleichartigen — Normadressaten der gleiche sein kann. Während also z. B. sicherlich der Gesetzgeber an die Verfassung schlechthin gebunden ist (Art. 20 Abs. 3 GG), kann es in anderem Zusammenhang — z. B. in Art. 9 GG, § 90 a StGB — geboten sein, den Begriff ‚verfassungsmäßige Ordnung' auf gewisse elementare Grundsätze der Verfassung zu beschränken (vgl. BGHSt 7, 222/227/9, 285/286); der Bürger aber wird in seiner allgemeinen Handlungsfreiheit legitim eingeschränkt nicht nur durch die Verfassung oder gar nur durch ‚elementare Verfassungsgrundsätze', sondern durch jede formell und materiell verfassungsmäßige Rechtsnorm ..."

[3]) BVerfGE 12, 113 und NJW 1958, 257 ff.

Grundrechts der freien Meinungsäußerung so interpretiert werden müßten, daß der besondere Wertgehalt dieses Grundrechts auf jeden Fall gewahrt bleibe[4]). Schließlich hat sich das Bundesverfassungsgericht in seinem Urteil vom 10. Mai 1957[5]) am Beispiel der Homosexualität über das Sittengesetz geäußert, wobei es für diesen Begriff auf die allgemeine normative Anerkennung abstellt[6]).

Der Bundesgerichtshof hat sich in seinen beiden Urteilen über die Fälle „Missa profana" und „Baselitz"[7]) mit dem Verhältnis der Kunstfreiheitsgarantie zu den strafrechtlichen Normen befaßt. Er kommt zu dem Ergebnis, daß die allgemeinen Gesetze und damit auch die Strafgesetze als Teil der Verfassungsordnung der Kunstfreiheit Schranken ziehen, da diese Kunstfreiheit dem allgemeinen Gemeinschaftsvorbehalt des Art. 2 Abs. 1 GG, also den Schranken der „Rechte anderer", der „verfassungsmäßigen Ordnung" und des „Sittengesetzes" unterliege. Das Gericht bemerkt freilich, daß die Strafvorschriften, die der Kunstfreiheit Grenzen setzen, selbst in ihrer das Grundrecht begrenzenden Wirkung wieder eingeschränkt werden müßten, da bei ihrer Auslegung die Bedeutung zu berücksichtigen sei, welche der im Grundgesetz anerkannten Freiheit der Kunst im freiheitlich-demokratischen Staate zukomme. Auch müsse bei der strafrechtlichen Beurteilung eines Kunstwerkes das Wesen der zeitgenös-

---

4) Wörtlich heißt es in dem Urteil weiter (aaO. S. 258): „... Die gegenseitige Beziehung zwischen Grundrecht und ‚allgemeinem Gesetz' ist also nicht als einseitige Beschränkung der Geltungskraft des Grundrechts durch die ‚allgemeinen Gesetze' aufzufassen; es findet vielmehr eine Wechselwirkung in dem Sinne statt, daß die ‚allgemeinen Gesetze' zwar dem Wortlaut nach dem Grundrecht Schranken setzen, ihrerseits aber aus der Erkenntnis der wertsetzenden Bedeutung dieses Grundrechts im freiheitlichen demokratischen Staat ausgelegt und so in ihrer das Grundrecht begrenzenden Wirkung selbst wieder eingeschränkt werden müssen... Es wird deshalb eine ‚Güterabwägung' erforderlich: Das Recht zur Meinungsäußerung muß zurücktreten, wenn schutzwürdige Interessen eines anderen von höherem Rang durch die Betätigung der Meinungsfreiheit verletzt würden. Ob solche überwiegenden Interessen anderer vorliegen, ist auf Grund aller Umstände des Falles zu ermitteln..."

5) BVerfGE 6, 389 und NJW 1957, 865 ff.

6) Wörtlich heißt es in diesem Urteil (aaO. S. 435 bzw. S. 868): „... Allerdings bestehen Schwierigkeiten, die Geltung eines Sittengesetzes festzustellen. Das persönliche sittliche Gefühl des Richters kann hierfür nicht maßgebend sein: ebensowenig kann die Auffassung einzelner Volksteile ausreichen... Nicht darauf kommt es an, auf Grund welcher geschichtlicher Erfahrungen ein sittliches Werturteil sich gebildet hat, sondern nur darauf, ob es allgemein anerkannt wird und als Sittengesetz gilt. Ein Anhalt hierfür, daß die Homosexualität als unsittlich angesehen wird, ergibt sich daraus, daß die Gesetzgebung in Deutschland sich zur Rechtfertigung der Bestrafung der gleichgeschlechtlichen Unzucht stets auf die sittlichen Anschauungen des Volkes berufen hat... Diese Umstände rechtfertigen die Feststellung, daß auch heute noch das sittliche Empfinden die Homosexualität verurteilt. Einzelne gegenteilige Äußerungen, vorwiegend aus interessierten Kreisen, kommen demgegenüber nicht in Betracht, jedenfalls haben sie eine Änderung des allgemeinen sittlichen Urteils nicht durchsetzen können..."

7) UFITA Bd. 38 (1962) S. 181 ff. und UFITA Bd. 44 (1965) S. 181 ff.

sischen Kunst mitberücksichtigt werden. Deshalb sollen hier die Begriffe des „Unzüchtigen" und der „Gotteslästerung" nicht am Durchschnittsempfinden des Normalmenschen, sondern am Empfinden eines speziellen Personenkreises, nämlich der für die moderne Kunst aufgeschlossenen oder zumindest um ihr Verständnis bemühten, wenn auch literarisch nicht besonders vorgebildeten Personen orientiert werden. Der Bundesgerichtshof gibt in diesem Zusammenhang keine Definition für den Kunstbegriff und das Sittengesetz[8]). Man kann jedoch aus der Abstellung auf die der Kunst aufgeschlossenen oder verständnisvoll gegenüberstehenden Personen, also die Kunstinteressierten, schließen, daß es auch für die Beurteilung eines Werkes als Kunstwerk auf diesen Personenkreis ankommen soll[9]). In den behandelten Fällen hat der Bundesgerichtshof den Kunstwerkcharakter des Gedichtes und der Plastik bejaht, woraus bei wertender Betrachtung der beiden Werke wohl der Schluß gezogen werden darf, daß kein allzu hoher Qualitätsanspruch mit dem Kunstbegriff verbunden sein soll.

Das Bundesverwaltungsgericht hat sich mehrfach ausführlich mit dem Kunstbegriff im Sinne des Art. 5 Abs. 3 GG beschäftigt. In dem „Sünderin"-Urteil vom 21. Dezember 1954[10]) führt das Bundesverwaltungsgericht aus, daß sich ein Spielfilm, der eine frei erdachte Handlung wiedergibt, zu den in ihm dargestellten Vorgängen aber selbst nicht Stellung nimmt, ungeachtet seines künstlerischen Wertes als Erzeugnis der Kunst im Sinne des Art. 5 Abs. 3 GG darstelle, in gleicher Weise wie etwa ein Roman oder ein Theaterstück, die erdachte Handlungen zum Gegenstand haben, ohne zugleich erkennbar eine Stellung zu irgendwelchen Problemen zu beziehen. Hierdurch wurde vom Bundesverwaltungsgericht zunächst ein anscheinend völlig wertfreier Kunstbegriff geprägt. In späteren Urteilen vom 12.

---

[8]) Der BGH erwähnt in beiden Urteilen die der Kunst aufgeschlossenen oder verständnisvoll gegenüberstehenden Personen nicht im Hinblick auf die Beurteilung eines Werkes als Kunstwerk, sondern im Hinblick auf den Eindruck über den unzüchtigen oder gotteslästerlichen Charakter eines solchen Werkes. In seinen „Kuppeleiurteilen" (BGHSt/6,47 und 17,230) vertritt der BGH eine strenge Auffassung im Hinblick auf die gültige Sittenordnung, wenn er feststellt: „Der leitende Gedanke ist, die sittliche Ordnung zu fördern, daß sich der Verkehr der Geschlechter grundsätzlich in der Einehe vollziehe, weil der Sinn und die Folge des Verkehrs das Kind ist, das nur in der Gemeinschaft der Familie gedeihen kann, und daß daher der ernstliche Wille der Verlobten zur Ehe für sich allein nicht die Unzüchtigkeit des Verkehrs zwischen ihnen beseitigt... Dabei ist es ohne Bedeutung, welche Auffassungen über Beziehungen dieser Art in engeren oder weiteren Volkskreisen bestehen. Er (der Große Senat) hat seine Auffassung auf das Sittengesetz gegründet und erklärt, daß dessen Geltung von der Anerkennung im Bewußtsein der Menschen unabhängig ist." Auf derselben Linie liegt die zivilrechtliche Entscheidung des BGH vom 26. Febr. 1968 (NJW 1968, 932 ff.).

[9]) So legt auch das Verwaltungsgericht Koblenz in seinem Urteil vom 3. Juli 1964 (UFITA Bd. 50 [1967] S. 736) diese Rechtsprechung des BGH aus.

[10]) UFITA Bd. 20 (1955) S. 192.

Januar 1966 und vom 7. Dezember 1966[11]) ist das Bundesverwaltungsgericht von diesem wertfreien Kunstbegriff abgegangen. Es heißt in diesen Urteilen, daß für den Kunstbegriff des Art. 5 Abs. 3 GG nicht der urheberrechtliche Kunstbegriff maßgebend sein könne. Es gehe nicht an, die Nichtkunst der Kunst gleichzustellen, weil dies zur Folge haben würde, daß dann unter Berufung auf diese Gleichstellung auch die Freiheit der echten Kunst eingeschränkt werden müsse. Es wird also ein wertender Kunstbegriff, der sich in seiner Definition an die allgemeine Definition der „Kunst" im „Brockhaus-Lexikon" anschließt[12]), angenommen, wobei noch ausdrücklich Erwähnung findet, daß Erzeugnisse der Kunst regelmäßig eine Meinungsäußerung enthielten und dadurch nicht den Schutz des Art. 5 Abs. 3 GG verlieren könnten. Auch insofern distanzieren sich diese BVG-Urteile von dem Kunstbegriff in dem erstgenannten BVG-Urteil. Die praktischen Fälle, welche die beiden letzteren BVG-Urteile zu behandeln hatten, betreffen zwei Romane, die man wohl als qualifizierte Unterhaltungslektüre einstufen kann, woraus hervorgeht, daß das Bundesverwaltungsgericht auch in seinen neueren Urteilen keine hohen Qualitätsansprüche mit dem Kunstbegriff verbindet.

Das Bundesverwaltungsgericht hat in seinem „Sünderin"-Urteil[13]) nicht nur eine Definition des Kunstbegriffs gegeben, sondern auch Stellung zu der Frage des Umfangs der Kunstfreiheitsgarantie nach Art. 5 Abs. 3 GG genommen, insbesondere im Hinblick auf die eventuellen Grenzen der Kunstfreiheit bei Verstoß gegen andere Grundrechte oder gesetzliche Vorschriften. Das Bundesverwaltungsgericht ist hierzu der Auffassung, daß nach Wortlaut, Sinn, Systematik und Geschichte des Art.5 Abs. 3 GG die Kunstfreiheit nicht den Schranken der allgemeinen Gesetze, insbesondere nicht der polizeilichen Generalbevollmächtigung, unterliegen könne. Als Schranken könnten lediglich die Verletzung anderer Grundrechte oder die Gefährdung der für den Bestand der staatlichen Gemeinschaft notwendigen Güter anerkannt werden. Zu diesen letztgenannten Gütern soll auch das Sittengesetz im Sinne der allgemeinen grundlegenden Anschauungen über die ethische Gebundenheit des Einzelnen in der Gemeinschaft gehören. Dieses Sittengesetz werde aber nicht schon durch die bloße Darstellung der von ihm mißbilligten Vorgänge verletzt, sondern erst

---

11) UFITA Bd. 48 (1966) S. 324 und Bd. 50 (1967) S. 718.

12) „Kunst ist die Gestaltung eines seelisch-geistigen Gehalts durch eine eigenwertige Form nach bestimmten Gesetzen".

13) UFITA Bd. 20 (1955) S. 192 ff.

durch die Verherrlichung unsittlicher Zustände, wodurch sie kritiklosen Menschen als erstrebens- oder nachahmenswert erscheinen könnten. Die maßgebenden sittlichen Normen könnten nur aus den von allen Staatsbürgern gemeinsam anerkannten Werten bestehen. Weltanschauliche Auffassungen einzelner Bevölkerungskreise, wie sie in den verschiedenen Landesteilen verschieden entwickelt sind, habe das Grundgesetz nicht unter den besonderen Schutz der staatlichen Ordnung gestellt.

Das Oberverwaltungsgericht Rheinland-Pfalz in Koblenz schließt sich in seinem Beschluß vom 24. März 1966[14]) dieser Auffassung des Bundesverwaltungsgerichts an. Es betont ausdrücklich, daß die Freiheit der Kunst grundsätzlich polizeifest sei, also nicht allgemeinen Gesetzen unterfalle. Es lehnt die im Schrifttum und in der Rechtsprechung vertretene Ansicht ab, wonach die Freiheit der Kunst wie alle Grundrechte durch den Gemeinschaftsvorbehalt des Art. 2 Abs. 1 GG eingeschränkt sei, wodurch dann die allgemeinen Gesetze, die sämtlich zur Verfassungsordnung gehören, als Schranken der Kunstfreiheit auftreten würden. In der Ablehnung dieses Gemeinschaftsvorbehalts für die Kunstfreiheit beruft sich das Gericht auf die oben erwähnten Ausführungen des Bundesverfassungsgerichts über die abgestuften Gesetzesvorbehalte bei den einzelnen besonders aufgeführten Grundrechten.

In einer neuesten Entscheidung vom 28. Januar 1966 — dem sog. FBW-Urteil[15]) — bestätigt das Bundesverwaltungsgericht nochmals seine Auffassung über den Umfang der Kunstfreiheit. Es heißt in diesem Urteil ausdrücklich, daß der Art. 5 Abs. 3 GG für die Kunst eine Sonderregelung enthalte, so daß bei Eingriffen in die Kunstfreiheit nicht das Recht auf freie Entfaltung der Persönlichkeit in Betracht komme. Im übrigen ist dieses Urteil besonders dadurch interessant, daß es zum Schutze der Kunstfreiheit einen materiellen Zensurbegriff einführt[16]). Danach sollen die Freiheit der Kunst und der Meinungsäußerung auch gegen nachträgliche und indirekte Maßnahmen des Staates geschützt werden, welche faktisch die Ausübung der Freiheit der Kunst und der Meinungsäußerung wesentlich erschweren könnten.

---

[14]) UFITA Bd. 50 (1967) S. 741 ff.

[15]) UFITA Bd. 47 (1966) S. 316 ff.

[16]) Wie Noltenius, Die freiwillige Selbstkontrolle der Filmwirtschaft und das Zensurverbot des Grundgesetzes, Göttingen 1958 und von Hartlieb, Grundgesetz, Filmzensur, Selbstkontrolle in UFITA Bd. 28 (1959) S. 32 ff.

Zusammenfassend ist festzustellen, daß die höchstrichterliche Rechtsprechung in den letzten maßgebenden Urteilen übereinstimmend einen wertenden Kunstbegriff anerkennt, ohne freilich hohe Qualitätsanforderungen an den Charakter des Kunstwerkes zu stellen. Eine umfassende Interpretation des Kunstbegriffs wird nicht gegeben, sondern entweder die Qualifikation des betreffenden Werkes als Kunstwerk ohne nähere Begründung unterstellt oder auf die allgemein gehaltene „Brockhaus-Definition" Bezug genommen oder ganz generell eine „erdachte Handlung" gefordert. Im Hinblick auf die Einschränkungen der Kunstfreiheit, also den Umfang der verfassungsrechtlichen Kunstfreiheitsgarantie, stimmen die Urteile dahin überein, daß sie keine absolute Kunstfreiheit anerkennen, sondern der Freiheit der Kunst bestimmte Grenzen setzen. Über den Umfang dieser Grenzen weichen jedoch die Urteile des Bundesverwaltungsgerichts in einem entscheidenden Punkte von den Urteilen des Bundesgerichtshofs ab. Während der Bundesgerichtshof auch die Kunstfreiheit unter den allgemeinen Gemeinschaftsvorbehalt des Grundgesetzes stellt und ihr demgemäß durch alle gesetzlichen Vorschriften, wenn auch unter einer modifizierenden Auslegung, Schranken zieht, sieht das Bundesverwaltungsgericht nur in den gemeinschaftsnotwendigen Gütern eine Schranke für die Kunstfreiheit[17]). Das Bundesverfassungsgericht hat — wie erwähnt — noch keine Entscheidung getroffen, die sich speziell mit diesem Gebiet befaßt, läßt jedoch aus anderen Entscheidungen, auf die sich neuerdings die Verwaltungsgerichte für ihre entsprechende Auffassung ausdrücklich berufen[18]), erkennen, daß die weitergehende Kunstfreiheitsgarantie im Zuge seiner für die Freiheitsrechte sehr aufgeschlossenen Rechtsprechung liegt.

2. Die vorherrschende Rechtslehre

Die Stellungnahme der r e c h t s w i s s e n s c h a f t l i c h e n L i t e r a t u r zu Bedeutung und Umfang der verfassungsrechtlichen Kunstfrei-

17) Das Sittengesetz wird von beiden Gerichtshöfen als Schranke der Kunstfreiheit postuliert, wobei jedoch offensichtlich der Bundesgerichtshof von einem anderen Begriff des Sittengesetzes ausgeht als das Bundesverwaltungsgericht. Der Bundesgerichtshof meint nämlich das „Sittengesetz" im Rahmen des Gemeinschaftsvorbehalts des Art. 2 Abs. 1 GG, während das Bundesverwaltunggericht von dem „Sittengesetz" als Element der für den Bestand der Gemeinschaft notwendigen Güter und der ethischen Gebundenheit des Einzelnen in der Gemeinschaft spricht. Hinsichtlich des Umfangs der Kunstfreiheit dürfte der I. Zivilsenat des BGH in einer neuesten Entscheidung vom 20. März 1968 (NJW 1968, 1772 ff. = UFITA, vorliegender Band S. 295 ff.) weitergehen als die unter Anm. 8) erwähnten Urteile, indem er die umfassende Verbürgung der Kunstfreiheit im GG besonders hervorhebt und es dahingestellt sein läßt, ob sie den Grenzen des Art. 2 Abs. 1 GG unterliegen könne.

18) Vgl. Urteile des VG Koblenz und des OVG Rheinland-Pfalz in UFITA Bd. 50 (1967) S. 733 ff.

heitsgarantie hat in der ausgezeichneten, ebenso gründlichen wie umfassenden, übersichtlichen wie klaren Monographie von *Erbel*[19]) ihre vollständige Wiedergabe gefunden[20]). In dieser Literatur finden sich sowohl Definitionen für den Kunstbegriff wie Theorien über die Schranken der Kunstfreiheit.

Die Definition des Kunstbegriffs wird in den meisten Kommentaren zum Grundgesetz und von den meisten Autoren wissenschaftlicher Abhandlungen im Anschluß an die Definition im „Großen Brockhaus" gegeben. Danach soll unter „Kunst" die „Gestaltung eines seelisch-geistigen Gehalts durch eine eigenwertige Form nach bestimmten Gesetzen" verstanden werden. Die wohl interessanteste und umfassendste eigene Definition des Kunstbegriffs wird von Erbel selbst erarbeitet, der sich außerordentlich bemüht, zunächst eine Methode für diese Definition zu finden, sie genau zu erklären und dann auf der Grundlage dieser Methode seine eigene Interpretation des Kunstbegriffs festzulegen. Hierbei geht Erbel von der Wortinterpretation und der systematischen Interpretation über die teleologische zu einer integrierenden Interpretation, mit deren Hilfe er sein Ergebnis erzielt. Mit diesen Methoden kommt er zunächst zu der Folgerung, daß der verfassungsrechtliche Begriff „Kunst" im Sinne eines freien „Kunstlebens" zu verstehen sei, und zwar als politische Wertentscheidung der Verfassung in Kontrast zu dem staatlich organisierten, inhaltlich gelenkten und beaufsichtigten Kunstleben im autoritären und totalitären nationalsozialistischen Staat. Weiterhin soll der verfassungsrechtliche Begriff „Kunst" zur Bezeichnung der individuellen künstlerischen Entfaltung dienen, die sich aus dem künstlerischen Schaffen und der Werkveröffentlichung zusammensetzt. Schließlich soll sich aus dieser Interpretation ergeben, daß der verfassungsrechtliche Kunstbegriff sowohl in seiner objektiven (Kunstleben) wie auch in seiner subjektiven Bedeutung (künstlerisches Schaffen und Publizieren) als wertdifferenzierungsfreier (= formaler) Begriff aufzufassen sei, d. h. als Begriff, der alle „Kunst" im schöpferischen Sinn, ohne Rücksicht auf ihren Inhalt, ihre Stilrichtung oder ihren Wert (Schaffenshöhe) umfaßt. Die sich hieraus ergebende Erbelsche Definition über den Kunstbegriff des Art. 5 Abs. 3 GG hat folgenden Wortlaut: „Unter Kunst im Sinne des Art. 5 Abs. 3 Satz 1 GG ist einmal das gesamte ‚Kunstleben': der Lebensbereich der schöpferischen Künste (=objektive Bedeutungskomponente) zu verstehen, zum anderen das vom Kunstleben

19) „Inhalt und Auswirkungen der verfassungsrechtlichen Kunstfreiheitsgarantie", Springer-Verlag, 1966.

20) aaO S. 13 bis S. 35 und S. 110 bis S. 115.

mit umfaßte und seinen Mittelpunkt bildende individuelle, auf Entfaltung der schöpferischen Persönlichkeitsrechte gerichtete Schaffen und Publizieren (= subjektive Bedeutungskomponente), ohne Rücksicht auf den Inhalt, die Stilrichtung oder die Schaffenshöhe der Gestaltung"[21]).[22])

Die Schranken der Kunstfreiheitsgarantie werden von der wohl vorherrschenden Meinung in der Literatur in der Schrankentrias aus Art. 2 Abs. 1 GG gefunden[23]), wobei die Schranken in den „Rechten anderer", der „verfassungsmäßigen Ordnung" und dem „Sittengesetz" gesehen werden. In seiner eigenen Schrankenbestimmung schließt sich Erbel im wesentlichen dieser herrschenden Meinung an. Er begründet dies damit, daß Art. 2 Abs. 1 GG nicht nur das Recht auf freie Entfaltung der Persönlichkeit gewährleiste, sondern zugleich leitbildartig die Grundrelation von Freiheit und Bindung der in der Gemeinschaft lebenden Personen bestimme. Die nachfolgenden Grundrechte stellten ihrer Natur nach nur Ausgestaltungen und Konkretisierungen der Persönlichkeitsentfaltung in bestimmten Richtungen dar, so daß auch für sie die in dem Mutterrecht festgelegte Grundrelation von Freiheit und sozialer Bindung (Schranken) gelten müsse. Bei der unmittelbaren Übertragung der Schranken aus Art. 2 Abs. 1 GG auf die Einzelfreiheitsrechte müßten freilich diese Schranken jeweils richtig interpretiert werden, damit nicht die differenzierte Schrankenregelung bei den Einzelfreiheitsrechten durchkreuzt würde. Die Schranken für die Freiheit der Kunst dürften nur die Elementarschranken der Schrankentrias sein, d.h., daß die „Rechte anderer", die „verfassungsmäßige Ordnung" und das „Sittengesetz" gegenüber der Kunstfreiheit eng ausgelegt werden müßten. Als „Rechte anderer" könnten nur die subjektiven Rechte privater und öffentlicher Art anerkannt werden. Der Begriff „verfassungmäßige Ordnung" könne nur den Inbegriff der elementaren Verfassungsgrundsätze meinen. Der Begriff „Sittengesetz" sei in einem engen Sinn aufzufassen, und zwar als Summe derjenigen Normen, welche die für ein soziales Zusammenleben unverzichtbare ethi-

---

[21]) Vgl. Erbel, aaO. S. 83, 85, 89, 93 und 43.

[22]) Von neueren Interpretationsversuchen in der Rechtslehre sei hier noch Ropertz, Freiheit der Kunst (Luchterhand, 1966) erwähnt, der unter „Tätigkeit mit künstlerischer Affinität" eine solche versteht, die ein Kunstwerk zum Gegenstand hat, das von einem künstlerischen Gestaltungswillen zeugt. Dabei komme es darauf an, daß in jenem Werk der Gegenstand, welcher auch das Formprinzip selbst sein kann, ohne Rücksicht auf den künstlerischen Rang dieses Schaffensprozesses in eine eigenwertige Form gebracht würde (aaO. S. 81). Ropertz will aber damit ausdrücklich keine allgemeingültige Definition des Kunstwerks geben.

[23]) Erbel, aaO. S. 113.

sche Minimalbindung des Einzelnen umschreiben, wozu insbesondere die meisten Strafgesetze als Ausdruck der allgemein anzuerkennenden sittlichen Ordnung gehörten[24]). Von Interesse ist noch, daß Erbel die Grenzen der Kunstfreiheitsgarantie durch die Schrankentrias im konkreten Fall auf Grund einer abwägenden Wertung aller Umstände dieses Einzelfalles entscheiden lassen will. Dabei sollen die Höhe der künstlerischen Leistung, die Relation der strafrechtlich relevanten Werkteile zum Gesamtwerk, die Stilrichtung des Kunstwerkes, der als Adressat in Betracht kommende Kreis von Personen und die kulturelle Tradition eine Rolle spielen[25]).

Aus der Literatur ist noch *Nipperdey*[26]) zu erwähnen, da er die wohl ausführlichste Definition des Begriffs des „Sittengesetzes" in der Rechtslehre gibt. Nach *Nipperdey* soll es geradezu selbstverständlich sein, daß keine wie auch immer geartete Grundrechtsausübung das Sittengesetz verletzen dürfe, selbst wenn diese Schranke nicht allen Grundrechten angefügt sei. Die Gültigkeit des Sittengesetzes beruhe weder auf einem Akt des Gesetzgebers noch leite es, wie das Gewohnheitsrecht oder die Sitte, seine Geltung lediglich aus einer ständigen Übung und dem Geltungswillen der Allgemeinheit her. Es sei vielmehr ebenso wie das Naturgesetz dem Menschen vorgegeben. Während jedoch die Geltung des Naturgesetzes absolut und dem menschlichen Willen unzugänglich sei, bedürfe das Sittengesetz der Erkenntnis und Anerkennung durch die Allgemeinheit, falls es für das menschliche Leben wirksam sein soll. So entfalte das Sittengesetz trotz seiner dem Menschen vorgegebenen Natur seine Wirkungskraft erst auf Grund der Überzeugung der Allgemeinheit von der Richtigkeit menschlichen Verhaltens auf sittlichem Gebiet und von der Notwendigkeit der Verbindlichkeit eines solchen Verhaltens als Grundlage jeglicher Gemeinschaft. Unter Sittengesetz sei daher die Summe derjenigen sittlichen Normen zu verstehen, die von der Allgemeinheit als richtig erkannt und für ein Zusammenleben sittlicher Wesen als verbindlich angesehen würden sowie von der subjektiven Anerkennung des einzelnen unabhängig seien. In dem so verstandenen Sinne des Sittengesetzes liege zugleich seine äußere Wandelbarkeit[27]).

---

[24]) Erbel, aaO. S. 120 bis S. 122.

[25]) Ähnlich wie Erbel im Ergebnis, wenn auch mit anderer Begründung Ropertz, aaO. S. 101: „Wir können dementsprechend ... formulieren: Art. 5 Abs. 3 GG ist ein unbeschränkbares Grundrecht, das seine Grenze in der als Auslegungsregel verstandenen Schrankentrias des Art. 2 Abs. 1 GG hat."

[26]) In „Die Grundrechte" ,Duncker & Humblot, 1966 Bd. IV/2, S. 820 ff.

Zusammenfassend läßt sich sagen, daß die wohl vorherrschende Lehre in der Literatur den Kunstbegriff wertend interpretiert, aber hierbei grundsätzlich nur minimale Anforderungen an den Qualitätsgrad stellt. Eine totale Kunstfreiheitsgarantie wird von der wissenschaftlichen Lehre nicht anerkannt. Die meisten Autoren sehen die Grenzen der Kunstfreiheit in der erwähnten Schrankentrias (wodurch immer das „Sittengesetz" als Schranke einbezogen wird), wobei sie freilich nur die elementaren Gegenrechte akzeptieren, also die Schranken in ihrer begrenzenden Funktion eng auslegen wollen. Sie nähern sich damit der oben erwähnten Auffassung des Bundesgerichtshofes. Nur einige wenige Autoren gehen noch weiter und wollen sogar in allen allgemeinen Gesetzen Kunstfreiheitsschranken erblicken[28]), während einige andere Autoren die Kunstfreiheit weiter ausdehnen und ihre Grenze nur in den für den Bestand der Gemeinschaft notwendigen Rechtsgütern sehen wollen[29]). Diese letztgenannten Autoren nähern sich der oben erwähnten Rechtsprechung des Bundesverwaltungsgerichts.

3. Die Kunst, Kunst zu definieren

Die Definitionen des Kunstbegriffs im Sinne des Art. 5 Abs. 3 GG vom Bundesgerichtshof bis zum Bundesverwaltungsgericht, von Brockhaus bis Erbel können nicht befriedigen. Sie sind viel zu allgemein gehalten und lassen die gebührende Berücksichtigung der spezifischen Elemente vermissen, die gerade für die „Kunst" typisch und konstituierend sind.

Die *„Brockhaus-Definition"* ist so generell gefaßt, daß sie für den Kunstbegriff völlig nichtssagend ist. Die „Gestaltung eines seelisch-geistigen Gehalts durch eine eigenwertige Form nach bestimmten Gesetzen" liegt im Grunde bei allen objektivierten Äußerungen des menschlichen Geistes vor. Die Urteilsbegründung des Richters, die

---

27) Nipperdey zitiert aaO. S. 820 das BVerfGE 6, 389 (436) wie folgt: „Dem Beschwerdeführer ist zuzugeben, daß eine Änderung der sittlichen Anschauungen möglich ist." Vgl. ferner Wernicke, BK, Art. 2 Erl. II 1 b: „Das Sittengesetz ist ein Begriff mit keineswegs unveränderlichem Inhalt, für den die jeweils herrschenden Anschauungen über sittliche Freiheit und Gebundenheit des Individuums maßgebend sind".

28) Vgl. Zitate bei Erbel, aaO. S. 111.

29) Vgl. Zitate bei Erbel, aaO. S. 112.

Erfindung des Forschers, der Bericht des Journalisten, die Organisationsschemata des Wirtschaftsmanagers, die Abhandlung des Wissenschaftlers, die Rede des Politikers u. ä. m. erfüllen sämtlich die Voraussetzungen dieser Definition. Sie verkörpern seelisch-geistigen Gehalt, indem sie ein Stück der seelisch-geistigen Kapazität ihres Verfassers enthalten. Sie besitzen eine eigenwertige Form, indem sie durch die individuelle Eigenart ihres Verfassers geprägt sind. Sie folgen bestimmten Gesetzen, indem sie den jeweiligen Regeln und Richtlinien für Leistungen und Arbeiten in ihrem Bereich angepaßt sind. Die Definition bezieht sich also auf alle geistigen Leistungen. Sie bringt keine spezifischen Kriterien für das Künstlerische, durch die es sich gerade von den anderen Geistesäußerungen abhebt und unterscheidet.

Die gleiche Kritik muß gegenüber der Definition von *Erbel* vorgebracht werden, der so umfassend und bemüht ansetzt und methodisch richtig vorgeht, um dann schließlich ebenfalls bei einer unverbindlichen Generalklausel zu landen. Das Schaffen und Publizieren, das auf Entfaltung der schöpferischen Persönlichkeitskräfte gerichtet ist, findet sich in allen geistigen Disziplinen. Das kreative Element ist nicht als Monopol für die Künstler reserviert, sondern gilt für alle geistigen Bereiche, also auch für Juristen, Forscher, Journalisten, Wirtschaftler, Wissenschaftler, Politiker u. ä. m. Auch die Urteilsbegründung des Richters, die Erfindung des Forschers, der Bericht des Journalisten, die Organisationsschemata des Wirtschaftsmanagers, die Abhandlung des Wissenschaftlers, die Rede des Politikers u. ä. m. charakterisieren sich als ein Schaffen und Publizieren, das auf Entfaltung der schöpferischen Kräfte dieser Personen im Rahmen ihres Aufgabenbereiches gerichtet ist. Die qualifizierten Leistungen auf allen diesen Gebieten enthalten kreative Elemente, indem sie innerhalb ihrer Disziplinen Originales und Eigentümliches, also individuell Geprägtes hervorbringen und sich nicht auf Nachahmung oder Wiederholung anderer Leistungen beschränken. Auch die Definition von *Erbel* ist daher viel zu generell und unter Außerachtlassung der spezifischen Elemente des Künstlerischen gehalten, um eine verbindliche Aussage über die Kunst und das künstlerische Schaffen geben zu können. Die gleiche Kritik ist für seine Definition über das Kunstleben angebracht, dessen Interpretation einen klaren Kunstbegriff voraussetzt.

Ebenso unbefriedigend sind die Definitionsversuche in der Rechtsprechung. Der Bundesgerichtshof übernimmt im wesentlichen die oben kritisierte und abgelehnte „Brockhaus-Definition". Soweit man seine Abstellung der Beurteilung von Kollisionen zwischen Kunstfreiheit und Strafgesetz auf die Einsicht des Kunstinteressierten gleichzeitig als Definition des Kunstbegriffs auffassen sollte[30]), ist diese Definition ebenfalls unzureichend, da sie bei der Fixierung des Kunstinteressierten bereits einen Kunstbegriff voraussetzt, der seinerseits nicht interpretiert wird. Allein das Bundesverwaltungsgericht hat mit seiner Formulierung über die „frei erdachte Handlung" den Versuch unternommen, ein spezifisches Element der Kunst zur Interpretation des Kunstbegriffs heranzuziehen. Es hat aber diesen Definitionsversuch damit belastet, daß es den künstlerischen Wert des Produktes als unbeachtlich bezeichnet und ihm ein Recht auf Stellungnahme zu den dargestellten Vorgängen abgesprochen hat. Tatsächlich kann man — wenn man nicht die Glaubwürdigkeit verlieren will — keinen Kunstbegriff ohne ein Minimum an Qualitätsanforderungen aufstellen, wie es das Bundesverwaltungsgericht in späteren Urteilen[31]) selbst anerkannt hat, wobei es freilich auf die oben kritisierte nichtssagende „Brockhaus-Definition" zurückgreift. Auch kann man wohl sagen, daß kein künstlerisches Werk existiert, das nicht in irgendeiner Weise eine Meinungsäußerung wiedergibt, da selbst ein rein ästhetisch-formales Produkt der „l'art pour l'art" mindestens die Freude am Spielerischen oder die Ablehnung bestimmter Formen der Realität aussagt.

Diese unbefriedigenden Definitionen des Kunstbegriffs durch die höchstrichterliche Rechtsprechung und die wissenschaftliche Literatur, die sich in der nichtssagenden Generalisierung verlieren, sind für die richtige Interpretation der Kunstfreiheitsgarantie nicht ungefährlich. Wenn man den Kunstbegriff so allgemein und so phraseologisch formuliert, wie es diese Definitionen tun, und die spezifischen Kriterien der Kunst bei der Definition nicht genügend berücksichtigt, dann kann man auch Bedeutung und Umfang der Kunstfreiheitsgarantie nicht richtig erfassen, und zwar gerade, wenn man die teleologische Methode anwendet. Die Generalisierung des Kunstbegriffs legt es nahe oder macht sogar fast unerläßlich, auch die Beschränkungen der Kunstfreiheit zu generalisieren. Wenn das Besondere an der Kunst nicht erkannt und prägnant hervorgehoben wird, können auch nicht die besonderen, speziell für die Kunst geltenden Freiheitsgarantien richtig fixiert werden.

---

30) So z. B. VG Koblenz in UFITA Bd. 50 (1967) S. 736.

31) Vgl. UFITA Bd. 48 (1966) S. 324 und Bd. 50 (1967) S. 728.

Wie läßt sich nun eine befriedigende Interpretation des Kunstbegriffs des Art. 5 Abs. 3 GG finden? Ist eine Definition überhaupt möglich, oder muß man sich mit Hinweisen begnügen und die Entscheidung den für den Einzelfall zuständigen Stellen überlassen? Welchen Stellen will man die konkrete Beurteilung übertragen? Dabei kann es immer nur um den juristischen Kunstbegriff des Art. 5 Abs. 3 GG gehen, so daß es weder notwendig noch richtig erscheint, sich mit den Kunstbegriffen zu befassen, wie sie im Laufe der Jahrhunderte durch die Philosophie und die Ästhetik begründet worden sind, wobei meist relativ hohe Anforderungen an die Qualifikation des Werkes und seines Schöpfers gestellt und stark gegensätzliche Meinungen über Sinn und Bedeutung der Kunst vertreten werden[32]). Ferner ist hier zunächst der idealtypische Begriff herauszustellen, der das reine Begriffsbild prägt und von hier aus die Mischformen ableiten läßt.

Der Kunstbegriff des Art. 5 Abs. 3 GG muß aus Systematik und Zweckbestimmung dieser grundgesetzlichen Vorschrift hergeleitet werden. Das allgemeine Wort „Kunst" und seine Verwendung im täglichen Leben bieten keinen verwendbaren Ansatzpunkt für die Definition, da das Wort „Kunst" in den verschiedenartigsten Zusammenhängen von den „ewigen Kunstwerken" über das „Kunstgewerbe" bis zur „Kunstfertigkeit" gebraucht wird. Nur eine systematisch-teleologische Methode, die an der systematischen Einordnung des Art. 5 Abs. 3 GG und an Sinn und Zweck dieser Vorschrift anknüpft, kann zu befriedigenden Ergebnissen führen und wird deshalb auch von Rechtsprechung und Rechtslehre mit Recht in den Mittelpunkt der entsprechenden Untersuchungen gestellt[33]). Der Ausgangspunkt für die systematisch-teleologische Begriffsbestimmung der Kunst muß die Tatsache sein, daß die Kunst im Grundgesetz im Gegensatz zur freien Meinungsäußerung, Berichterstattung, Information und Lehre sowie zur Entfaltung der Persönlichkeit in Formulierung und Einordnung eine unbeschränkte Freiheitsgarantie erhalten hat und insoweit nur der Wissenschaft und Forschung vergleichbar ist. Diese Sonderstellung der Kunst im Grundgesetz besagt, daß der Verfassungsgesetzgeber

---

[32]) So sagt z. B. Kant in „Kritik der Urteilskraft" (Menig-Verlag, Hamburg, 1963), S. 164: „Zur Beurteilung schöner Gegenstände wird Geschmack, zur schönen Kunst selbst aber d. i. zur Hervorbringung solcher Gegenstände wird Genie erforderlich." — Kritisch erklärt Nietzsche in „Also sprach Zarathustra" (Hansa-Verlag), Bd. 2 S. 384: „Ich werde der Dichter müde, der alten und der neuen: Oberflächlich sind sie mir alle und seichte Meere" . . . „Wahrlich ihr Geist selber ist der Pfau der Pfauen und ein Meer von Eitelkeit." — Gegensätzliches über „Ethik und Ästhetik" vgl. Kierkegaard in „Entweder/Oder" (Diedrichs-Verlag, 1957), II. Bd.

[33]) Für viele vgl. Erbel, aaO. S. 50 ff.

ihr eine außergewöhnliche Bedeutung für die Erhaltung und Förderung der freiheitlichen Staats- und Gesellschaftsordnung beigemessen hat. Wegen dieser besonderen Bedeutung soll ihr zur vollen Entwicklung und Entfaltung ihrer Kräfte eine besondere Freiheit gewährleistet werden. Kunst muß also Wesensmerkmale und spezifische Elemente besitzen, die ihre Existenz für die Gesellschaft des freiheitlichen-demokratischen Rechtsstaates außerordentlich wichtig erscheinen lassen.

Bei Anwendung dieser Auslegungsmethode läßt sich zunächst eine wichtige negative Abgrenzung treffen. Da in Art. 5 GG außer Kunst noch Wissenschaft, Forschung und Lehre, sowie Meinungsäußerung, Information und Berichterstattung als Grundrechte ausdrücklich erwähnt werden, ergibt sich der zwingende Schluß, daß Kunst nicht mit Meinungsäußerung, Information, Berichterstattung, Wissenschaft, Forschung oder Lehre identisch sein kann. Sonst wäre die besondere Erwähnung der Kunst mit einer absoluten Freiheitsgarantie neben diesen anderen Geistesäußerungen überflüssig, ja sogar widerspruchsvoll. Kunst muß also Wesensmerkmale und Existenzbedingungen enthalten, die sie von den sonstigen Geistesäußerungen klar abheben. Entsprechendes muß im Hinblick auf den allgemeinen Begriff der Persönlichkeitsentfaltung des Art. 2 GG gelten. Die Kunst muß neben dieser allgemeinen Persönlichkeitsentfaltung eine besondere Bedeutung besitzen und nicht nur eine der Ausdrucksformen dieser Persönlichkeitsentfaltung sein, da sonst ihre zusätzliche Erwähnung in Art. 5 Abs. 3 GG keinen zureichenden Grund hätte. Das besagt nicht, daß Kunst nicht auch meinungsäußernd, informierend, berichtend, wissenschaftlich, forschend oder lehrend sein könnte. Aber sie muß auch ohne diese Möglichkeiten existent sein und muß ferner der idealtypischen Gestaltung dieser geistigen Ausdrucksformen etwas Spezifisches hinzufügen.

Eine weitere negative Abgrenzung läßt sich treffen, wenn man sich die Themen und Inhalte vornimmt, die den Gegenstand geistiger Ausdrucksformen bilden. Hier kann man generell feststellen, daß alle verfassungsrechtlich erwähnten Geistesäußerungen, also Meinungsäußerung, Information, Berichterstattung, sowie Wissenschaft, Forschung, Lehre und Kunst, dazu bestimmt sind, die Wirklichkeit zu erfassen, zu erforschen und wiederzugeben, sei es, um sie zu analysieren, zu registrieren und zu reflektieren oder zu entwickeln, zu reproduzieren und zu benutzen. In der Reproduktion und Reflexion von Realität liegt also kein Spezifikum der Kunst. Andererseits ist festzuhalten, daß sich auch Kunst, wie die anderen geistigen Ausdrucksformen, mit der Reproduktion und Reflexion von Realität zu beschäftigen hat. Ein Familienschicksal kann in einer simplen Chronik oder in einem literarischen Werk wiedergegeben werden. Ein Menschengesicht kann in einer einfachen Abbildung oder in einem fotografischen, gemalten oder bildhauerischen Porträt zur Darstellung gelangen. Eine Naturkatastrophe kann die Grundlage für eine Forschung oder für ein Kunstwerk bilden. Ein politisches Ereignis kann in einem polemischen Bericht oder in einem kritischen Theaterstück seinen Niederschlag finden. Rhythmen und Töne, die sich aus der Natur ergeben, können schematisch wiederholt oder ins Choreographische bzw. Melodische umgesetzt werden. Es zeigt sich also, daß die Kunst die Stoffkreise mit den anderen Geistesäußerungen, insbesondere mit den im Grundgesetz erwähnten Medien der freien Meinungsäußerung, Information, Berichterstattung, Wissenschaft, Forschung und Lehre gemeinsam hat. Die gesamten Vorgänge, Begebenheiten und Ereignisse des Weltgeschehens im äußeren und inneren Bereich, im natürlichen, seelischen, geistigen und gesellschaftlichen Leben, in physiologischer, psychologischer und soziologischer Hinsicht, wie sie sich aus der inneren und äußeren Struktur des einzelnen Menschen und des Zusammenlebens der Menschen in der Gesellschaft ergeben, stehen der Meinungsäußerung, der Berichterstattung, der Information, der Wissenschaft, der Forschung und der Lehre ebenso offen wie der Kunst und werden auch von diesen anderen Medien jeweils gemäß der Eigenart des betreffenden Mediums und unter Ausrichtung auf seine Zwecke benutzt. Im Stofflich-Inhaltlichen liegt also kein Spezifikum der Kunst, so daß auch von hier aus nichts Typisches über die Kunst ausgesagt werden kann.

Ferner ist negativ herauszustellen, daß auch nach Zweck und Zielsetzung kein grundlegender Unterschied zwischen der Kunst und den anderen verfassungsrechtlich erwähnten Geistesäußerungen besteht. Es existiert eine „reine" Kunst und eine „engagierte" Kunst sowie es „reine" und „engagierte" Berichte und Informationen gibt. Meinungsäußerungen können Polemik und Kritik oder Analyse und Reflexion bedeuten, genauso wie diese verschiedenen Möglichkeiten bei Kunstwerken vorkommen. Wissenschaft, Forschung und Lehre können Selbstzweck sein oder der Entwicklung und dem Fortschritt dienen, was beides auch bei Kunstwerken vorliegen kann. Es zeigt sich also, daß im Hinblick auf Aussagen und Tendenzen die Kunst die gleichen Möglichkeiten hat und benutzt wie die anderen erwähnten Medien. In Zweck und Zielsetzung sind daher ebenfalls keine

Momente zu finden, die für die Kunst spezifisch wären und sie von den anderen Medien abgrenzen würden.

Schließlich kann noch in negativer Beziehung angefügt werden, daß auch Originalität und Schöpferisches nicht allein der Kunst zu eigen sind. Auch technische Erfindungen erfordern Neuartigkeit und sind nur patentfähig, wenn keine Vorbenutzung vorliegt. Auch Berichte, Informationen und Meinungsäußerungen weisen häufig originelle Aspekte auf. Die kreativen menschlichen Kräfte sind keinesfalls auf die Künstler beschränkt. Juristen, Techniker, Journalisten, Wirtschaftler, Wissenschaftler, Politiker u. ä. m. erbringen auf ihren Fachgebieten und in ihrem Rahmen durchaus schöpferische und originelle Leistungen. Die Originalität und das Schöpferische scheiden infolgedessen ebenfalls als ein spezifisches Kriterium für die Kunst aus[34].

Es kann also in negativer Beziehung festgehalten werden, daß weder Stofflich-Inhaltliches, noch Ziel und Zweck, noch Originalität oder Schöpferisches typische und spezifische Elemente der Kunst darstellen, die sie von den anderen grundrechtlich geschützten geistigen Ausdrucksformen abheben. Damit wird der Blick frei für das wirklich Typische und Spezifische an der Kunst, das sich in bestimmten Elementen der Form und Gestaltung realisiert. Eine besonders ausgerichtete eigengeprägte und eigenwillige Form und Gestaltung sind die entscheidenden Kriterien für die Kunst. Die typischen und spezifischen künstlerischen Ausdrucksformen bestehen aus den drei Merkmalen der Phantasie, des Ästhetischen und der Qualität. Wo Phantasie, Ästhetisches und Qualität zusammenkommen, ist Kunst existent. Hierin liegen ihre Wesenselemente und ihre Grundprinzipien. Mit diesen drei formalen Merkmalen ist die Kunst eindeutig und klar gegenüber den anderen grundgesetzlich geschützten Geistesäußerungen abzugrenzen, für die in ihrer idealtypischen Form diese Elemente nicht nur nicht wesensnotwendig, sondern sogar zweckfremd sind.

Das erste existentielle Moment der Kunst ist im Ästhetischen zu sehen. Hiermit ist die Bedeutung des Formal-Gestalterischen für die Kunst gemeint und keineswegs ein Begriff des „Schönen", etwa im Sinne eines klassischen Kunstideals. Insofern rechnet auch das Häßliche und Abstoßende in der Kunst zum Ästhetischen, wenn es

---

[34]) Vgl. S. 16 oben.

nur ausdrucksfähig und charakterisierend gestaltet ist. Form und Gestaltung sind entscheidende Kriterien für die Kunst. Typisch für sie ist die Eigentümlichkeit und Eigenartigkeit des Ausdrucks wie sie im Formal-Gestalterischen ihren Niederschlag findet. Kunst ist niemals ganz konkret an der Wirklichkeit orientiert, sondern besitzt stets etwas Stilisiertes und Verschlüsseltes[35]). Diese formalen Kriterien haben bei der Kunst eindeutig den Vorrang vor dem Inhaltlich-Stofflichen. Die Form ist bei der Kunst wichtiger als der Inhalt; die Gestaltung ist bei ihr wesentlicher als der Stoff. Jedes Thema, auch banale und alltägliche Vorgänge und Ereignisse, können bei entsprechender formaler Gestaltung zu einem Kunstwerk verarbeitet werden, während andererseits ohne eine solche formale Gestaltung auch aus einem hervorragenden und außergewöhnlichen Thema noch kein Kunstwerk wird. Durch diese Bedeutung des Ästhetischen unterscheidet sich die Kunst klar von den anderen grundgesetzlich geschützten Geistesäußerungen. Bei Wissenschaft, Forschung und Lehre, bei Meinungsäußerung, Information und Berichterstattung ist der Inhalt wesentlich wichtiger als die Form. Bei der Kunst ist das Gegenteil der Fall.

Die Phantasie ist das zweite existentielle Moment der Kunst. Sich „künstlerisch" ausdrücken heißt, sich „mit Phantasie" ausdrücken. Hier hat die „erdachte Handlung" ihren Platz, die das Bundesverwaltungsgericht in seinem „Sünderin"-Urteil[36]) als entscheidendes Merkmal für die Kunsteigenschaft eines Werkes herausgestellt hat, freilich ohne das Vorhandensein der anderen Wesensmerkmale der Kunst zu überprüfen und mit einer ungerechtfertigten Einschränkung im Hinblick auf Meinungsäußerung, Information und Berichterstattung. Die Phantasie führt dazu, daß bei der künstlerischen Reproduktion von Realität im Rahmen des Formal-Gestalterischen eine starke Distanz entsteht, welche diese Realität transparent werden läßt. Die Kunst gibt durch die Phantasie eine wesentlich filtrierte oder eine visionär vorausgeschaute Wirklichkeit wieder. Dabei gilt dieses Wesensmerkmal der Phantasie nicht lediglich für bestimmte Stilrichtungen oder Gattungen der Kunst, sondern für die Kunst ganz allgemein. Nicht nur die abstrakte Malerei oder das absurde Theater oder die expressionistische Dichtung verlangen von ihren Schöpfern Phantasie, sondern auch dokumentarische Fernsehspiele, biographische Romane und

---

[35]) Der Brecht'sche „Verfremdungseffekt", der vom Theaterstück unter Ablehnung der emotionalen Inanspruchnahme des Zuschauers eine zum rationalen Nachdenken inspirierende Distanz verlangt, repräsentiert zwar eine bestimmte Kunstrichtung, liegt aber gleichzeitig auf der Linie dessen, was generell für „Kunst" symptomatisch ist.

[36]) UFITA Bd. 20 (1955) S. 192.

kunstfertige Photographien. Zu jedem Kunstwerk, auch wenn es einem streng sachlichen und betont realistischen, naturalistischen oder impressionistischen Kunststil folgt, gehören Auswahl und Verdichtung, Akzentuierung und Charakterisierung, so daß nicht nur ein Abklatsch, sondern ein durch Phantasie geformtes Bild der Wirklichkeit gegeben wird. Durch dieses Element der Phantasie hebt sich die Kunst klar von den anderen grundgesetzlich geschützten Geistesäußerungen ab. Bei Meinungsäußerung, Information und Berichterstattung sowie bei Wissenschaft, Forschung und Lehre ist es wesensnotwendig, daß sie hart an der Wirklichkeit bleiben und nicht ins Phantastische abgleiten. Bei der Kunst ist das Gegenteil der Fall. So ergänzt und unterstreicht das Wesensmerkmal der Phantasie die Bedeutung des Formal-Gestalterischen für die Kunst.

Zu diesen zwei existentiellen Kriterien für die Kunst tritt als drittes Element die Qualität. Hier wird man im Hinblick auf die Relativität und Subjektivität von Geschmacksurteilen sehr vorsichtig prüfen und urteilen müssen. Man wird sich immer die Worte von *Arndt*[37]) vor Augen zu halten haben, wonach keine staatliche Instanz entscheiden dürfe, ob eine Arbeit als Werk der Kunst gelungen oder mißlungen sei. Aber ein Minimum an formaler gestalterischer Qualität, ein qualifizierendes Mindestmaß an Phantasie und Ästhetischem wird man zu fordern haben, um bei einem Werk den Charakter als Kunstwerk anzuerkennen. Das ergibt sich zwangsläufig aus der teleologisch-systematischen Auslegungsmethode. Der Grundgesetzgeber hätte keinesfalls einer Geistesäußerung ohne jeden Qualitätsanspruch eine derart weitgehende Freiheitsgarantie zugestanden, wie sie für die Kunst im Art. 5 Abs. 3 GG vorgesehen ist, da ein qualitätloses Werk nicht eine solche wichtige Funktion für die Allgemeinheit erfüllen kann, daß diese weitgehende Freiheitsgarantie gerechtfertigt wäre. Freilich dürfen die Qualitätsanforderungen keinesfalls dazu führen, bestimmte Kunstgattungen oder Stilrichtungen oder gar Werke mit bestimmten Aussagen und Tendenzen vom Kunstbegriff und damit von der Freiheitsgarantie auszuschließen. Das Minimum an Qualität muß übrigens schon verlangt werden, um einen Teufelskreis auszuschließen, auf den das Bundesverwaltungsgericht in seinen Urteilen vom 12. Januar 1966 und 7. Dezember 1966[38]) mit Recht hingewiesen hat, indem es ausführt, daß es nicht angängig sei, den Kunstbegriff dadurch auszuhöhlen, daß

---

[37]) NJW 1966, 28.

[38]) UFITA Bd. 48 (1966) S. 328 und Bd. 50 (1967) S. 728

die Nichtkunst der Kunst gleichgestellt wird, weil dies zur Folge haben würde, daß dann unter Berufung auf diese Gleichstellung auch die Freiheit der echten Kunst eingeschränkt werden könnte[39]).

Mit diesen Merkmalen der Phantasie, des Ästhetischen und der Mindestqualität ist die Kunst in ihrem Wesen und in ihrer Existenz zu erfassen und gegen die anderen grundrechtlich geschützten Geistesäußerungen klar abzugrenzen. Bei allem Vorbehalt gegenüber jeder abschließenden und kurz gefaßten Definition, die nie ganz der Simplifizierung und Pauschalierung entgehen kann[40]), wird man von dieser Position aus eine Interpretation des verfassungsrechtlichen Kunstbegriffs wagen können. „Kunst" im Sinne des Art. 5 Abs. 3 GG ist diejenige Gestaltung eines geistig-seelischen Gehalts, deren Wesensmerkmale in der Phantasie und im Ästhetischen liegen, und die ein Mindestmaß an gestalterischer Qualität aufweist. Hiermit ist das Außergewöhnliche an der Kunst genügend herauskristallisiert, das ihre Sonderbehandlung im Grundgesetz verständlich macht, da dieses Außergewöhnliche besondere Werte für die freiheitliche Staats- und Gesellschaftsordnung repräsentiert[41]).

Dabei handelt es sich naturgemäß um rein objektive und keinesfalls um subjektive Kriterien. Die Intention des Verfassers, ein Kunstwerk zu schaffen, ist ohne Bedeutung, falls die Gestaltung des Werkes nicht die erwähnten Mindestvoraussetzungen für ein Kunstwerk erfüllt. Bei der Kunst ist nicht der Gestaltungswillen, sondern die objektive Bezogenheit des Werkes als Kunstwerk entscheidend.

---

[39]) In dem BVG-Urteil vom 12. Jan. 1966 (aaO.) heißt es zur Frage der „Werthöhe" der Kunst wörtlich folgendermaßen: „... Die Gestaltung eines geistig-seelischen Gehalts durch eigenwertige Form nach bestimmten Gesetzen ist ohne schöpferische Begabung nicht möglich und ergibt auch einen von einer spezifisch historischen Begrenztheit befreiten, unendlichen Bedeutungsreichtum. Mit jeder dieser austauschbaren oder ähnlichen Begriffsbestimmungen wird eine untere Grenze festgelegt und die unterhalb ihrer liegende anspruchslose Unterhaltungsliteratur ausgeschieden. — Es ist dasselbe, wie wenn von Hartlieb (Grundgesetz, Filmzensur und Selbstkontrolle in UFITA Bd. 28 [1959] S. 32/46) unter den Kunstbegriff des Art. 5 Abs. 3 GG nur echte Kunst bringen will. Es ist aber etwas anderes, als wenn verlangt wird, daß die Kunstwerke ‚hochwertig' sein müßten (vgl. von Hartlieb, aaO. S. 39). Spanner (Gutachten S. 23) ist der Ansicht, Art. 5 Abs 3 GG biete keine Anhaltspunkte dafür, daß das Grundgesetz hier wirklich nur die ‚echte', im Sinne der gehobenen Kunst schützen wollte. Dieser Anhaltspunkt ergibt sich aber schon aus dem Wortlaut. Denn Nichtkunst ist eben keine Kunst und eines Anhaltspunktes bedarf es nicht für diese Verneinung, vielmehr für die Annahme, daß das Grundgesetz entgegen seinem Wortlaut die Nichtkunst der Kunst gleichstelle. Dann verschiebt sich, wie von Hartlieb (aaO. S. 46) richtig erkannt hat, auch das Problem der der Kunstfreiheit gezogenen Schranken ..."

[40]) Vgl. hierzu die Kritik von Mosel in UFITA Bd. 50 (1967) S. 619/620.

[41]) Vgl. auch S. 25 unten.

Andererseits kann es für die Einstufung als Kunstwerk nicht auf den Rang, also die Schaffenshöhe des Kunstwerkes, sondern nur auf das Vorliegen der erwähnten Wesensmerkmale ankommen. Es können also nicht nur „bedeutende" oder „qualifizierte" Kunstwerke als Kunst betrachtet werden. Liegt einmal ein Kunstwerk als Gesamtleistung vor, so kann es nicht in seine einzelnen Teile zerlegt werden, um zu prüfen, ob auch jeder dieser Teile einen künstlerischen Wert aufweist. Mit Recht stellt hierzu das OVG Rheinland-Pfalz im Beschluß vom 24. März 1966[42]) fest: „Es ist nicht möglich, einzelnen Teilen dieses Gesamtwerks die Eigenschaft als Kunstwerk abzusprechen, wenn das Gesamtwerk als ein Erzeugnis der Kunst anzusehen ist."

Die hiermit gefundene eindeutige Unterscheidung der Kunst von den anderen grundgesetzlich geschützten Geistestätigkeiten darf nicht übersehen lassen, daß die Grenzen zwischen allen diesen Geistesäußerungen in vielen konkreten Fällen durchaus flüssig sind. Das ergibt sich schon aus der hervorgehobenen Gemeinsamkeit im Stofflich-Inhaltlichen. So wie ein Kunstwerk gleichzeitig eine Meinungsäußerung, eine Berichterstattung, eine Information oder eine wissenschaftliche Leistung enthalten kann, so können Meinungsäußerung, Berichterstattung, Information und wissenschaftliche Leistung in manchen Fällen eine künstlerische Qualifikation erreichen, wenn sie eben zusätzlich zu ihren eigenen Wesensmerkmalen die Wesensmerkmale des Künstlerischen aufweisen. Die Rede eines Politikers, der Bericht eines Journalisten, die Abhandlung eines Wissenschaftlers können so phantasievoll und ästhetisch gestaltet sein, daß sie sich als Kunstwerk präsentieren. Man spricht dann auch davon, daß eine solche Rede, ein solcher Bericht, eine solche Abhandlung künstlerischen Rang besitzen würden. Inwieweit diese Geistesäußerungen dadurch innerhalb ihres eigenen Bereichs ihre spezifischen Bedeutungsmerkmale verlieren, um dafür die Bedeutungsmerkmale der Kunst zu gewinnen, ist eine andere Frage. Hier geht es darum, den Kunstbegriff idealtypisch herauszustellen, der für sich die besondere Freiheitsgarantie in Anspruch nehmen kann, und zu dessen existentiellen Momenten Phantasie, Ästhetisches und Qualität gerechnet werden müssen.

Die Richtigkeit der hier gegebenen Interpretation und Definition des verfassungsrechtlichen (also juristischen) Kunstbegriffs läßt sich mit Hilfe der gleichen systematisch-teleologischen Methode überprüfen und bestätigen, die bei ihrer Ermittlung angewandt wurde. Phan-

---

[42]) UFITA Bd. 50 (1967) S. 750.

tasie, Ästhetisches und Qualität als Wesensmerkmale der Kunst wirken in ihrem gleichzeitigen Appell an Verstand und Gefühl besonders attraktiv und suggestiv auf den Betrachter und setzen bei ihren Schöpfern ein besonderes Maß an Talent und Begabung voraus. Diese Attraktivität und Suggestivität verschaffen der Kunst, soweit sie eine unterhaltende Funktion erfüllen will, einen starken kulinarischen Effekt. Die gleiche Attraktivität und Suggestivität lassen die Kunst, soweit sie sich politisch oder kulturell engagiert, zu einem besonders wirksamen Mittel der Beeinflussung und Lenkung bei Analyse und Kritik, Kontrolle und Änderung der menschlichen und gesellschaftlichen Zustände und Verhältnisse werden. Diese ausgesprochen wichtige Bedeutungskomponente der Kunst hat zur Folge, daß autoritäre und totalitäre Staaten die Kunst völlig zu beherrschen versuchen, um sie gemäß den jeweiligen politischen Gegebenheiten in ihrem obrigkeitlichen Sinn für die Massenbeeinflussung aktiv steuernd oder passiv ablenkend einzusetzen. Für die freiheitliche Gesellschaftsordnung und den demokratischen Rechtsstaat hat diese außerordentliche Bedeutungskomponente der Kunst zwangsläufig zur Konsequenz, daß ihr ein Höchstmaß an Freiheit gewährt werden muß, um alle künstlerischen Äußerungen in ihrer Mannigfaltigkeit und Verschiedenartigkeit frei und ohne jede Lenkung zu Wort kommen zu lassen und damit jeder Gefahr einer einseitigen Beeinflussung der Allgemeinheit durch die Kunst zugunsten einer bestimmten politischen oder weltanschaulichen Richtung die Grundlage zu nehmen. Dazu kommt, daß künstlerische Talente und Begabungen, die eine wichtige Bereicherung für das kulturelle Leben einer freiheitlichen Gesellschaft bedeuten, nur in einer möglichst weitgehenden Freiheit zur vollen Entfaltung ihrer schöpferischen Kräfte kommen können. So schließt sich der Kreis der systematisch-teleologischen Auslegungsmethode, mit deren Hilfe die Berechtigung der gefundenen Definition, die auf ihrer Grundlage erarbeitet wurde, bestätigt wird. Gleichzeitig zeigt die korrekte Interpretation des Kunstbegriffs bereits die richtigen Perspektiven für den Umfang der verfassungsrechtlichen Kunstfreiheitsgarantie auf.

Es bleibt die Frage zu beantworten, wer im Einzelfall bei Streitfällen für die Entscheidung maßgebend sein soll, ob ein Werk im Sinne dieser Interpretation als Kunstwerk zu betrachten ist. Es ist grundsätzlich zu begrüßen, daß der Bundesgerichtshof in seinen beiden erwähnten Entscheidungen[43]) von der früher hierfür maßgebenden Beurteilung durch den „normalen Durchschnittsmenschen" abgegan-

---

[43]) Vgl. UFITA Bd. 38 (1962) S. 181 ff. und UFITA Bd. 44 (1965) S. 181 ff.

gen ist und es stattdessen auf den der modernen Kunst verständnisvoll und aufgeschlossen gegenüberstehenden Betrachter abstellen will. Hier ist das Bestreben anzuerkennen, gerade der modernen Kunst auf diese Weise größere Freiheiten zu gewähren und bessere Entfaltungsmöglichkeiten zu eröffnen. Trotzdem kann diese Lösung nicht voll befriedigen, zumal der Bundesgerichtshof es im Grunde gar nicht unmittelbar auf die Anerkennung eines Werkes als Kunstwerk, sondern auf die Beurteilung des etwaigen „unzüchtigen" oder „gotteslästerlichen" Charakters eines Kunstwerkes abstellt. Wenn also der aufgeschlossene und verständnisvolle Kunstinteressierte gemäß seiner weltanschaulichen Haltung auf sittlichem und religiösem Gebiet sehr enge und strenge Vorstellungen hat, so kann seine Beurteilung leicht dahin gehen, einem Werk die Qualifikation als Kunstwerk abzusprechen, weil es nicht auf seiner moralischen oder religiösen Linie liegt. Im Grunde wird hier wieder ein neuer „Homunculus" geschaffen, eine rein fiktive Figur, die letztlich nur die eigene Meinung des Richters wiedergibt, der sich sicher nicht sagen lassen will, daß er der Kunst weder aufgeschlossen noch verständnisvoll gegenüberstände. Besser ist schon die Bemerkung in den gleichen Entscheidungen des Bundesgerichtshofs, daß sich der Richter nötigenfalls das Kunstwerk von einem Sachverständigen erklären lassen muß.

Tatsächlich kann als Interpret für den Kunstwerkcharakter nur der Kunstsachverständige in Frage kommen. Der Spezialisierungsprozeß in der technisierten Massengesellschaft ist auch an der Kunst nicht spurlos vorübergegangen. Es ist selbst für einen ausgesprochen kunstinteressierten Laien nicht mehr möglich, alle Kunstgattungen und Kunstrichtungen in ihrer Entwicklung, Entfaltung und Bedeutung zu überblicken, zu verfolgen und zu bewerten. Wenn man es also ganz allgemein auf den Kunstinteressierten abstellt, so sind Fehlurteile nicht zu vermeiden. Zur gültigen Bewertung der Kunst genügen heute nicht mehr Aufgeschlossenheit und Verständnis, Interesse und Sympathie, sondern es müssen vorzügliche Kenntnis der betreffenden Kunstgattung und Kunstrichtung und intensive Beschäftigung mit ihnen hinzukommen. Es wäre auch unverständlich, wenn die Gerichte, die heute in fast jedem Prozeß über einen Verkehrsunfall einen spezialisierten Sachverständigen hinzuziehen und sich nicht etwa mit dem „interessierten Verkehrsteilnehmer" begnügen, bei der Beurteilung von Kunstwerken, die der Allgemeinheit wohl schwerer zugänglich sind, als Fragen der Verkehrstechnik und ihrer Regeln, sich mit ihrem eigenen Urteil zufrieden geben und auf keine spezialisierten Sachverständigen zurückgreifen würden. Als solche sachverständigen

Spezialisten kommen Kunsthistoriker, Kunstmanager, Kunstwissenschaftler, Kunstverwalter der betreffenden Kunstgattung und Kunstrichtung in Frage, eventuell auch Künstler selbst, die auf dem entsprechenden Gebiet tätig sind, falls keine Interessenkollisionen vorliegen können. Für die Beurteilung des Kunstwerkcharakters durch ausgesprochen kompetente Sachverständige sprechen sich übrigens auch *Erbel*[44]) und *Mosel*[45]) aus. Die gleiche Tendenz lassen das *Oberlandesgericht Hamburg* in einem Urteil vom 26. November 1963[46]) und das *Bundesverwaltungsgericht* in seinem Urteil vom 7. Dezember 1966[47]) erkennen.

Aus dieser Auslegung des Kunstbegriffs ergibt sich automatisch die Interpretation des Begriffs „Kunstleben". Unter „Kunstleben" hat man die Summierung aller Vorgänge und Ereignisse, Institutionen und Einrichtungen öffentlichen und privaten Charakters zu verstehen, die sich mit Kunst in dem hier interpretierten Sinn befassen.

4. Das wandelbare Sittengesetz und die ethischen Grundnormen

Die Interpretation des Begriffs des Sittengesetzes, wie ihn Rechtsprechung und Rechtslehre geben, kann nicht befriedigen. Hier herrscht weitgehende Begriffsverwirrung, und es lassen sich keine klaren Methoden der Begriffsbildung erkennen. Erbel und die herrschende wissenschaftliche Lehre[48]) entnehmen den Begriff „Sittengesetz" dem Art. 2 Abs. 1 GG, relativieren aber gleichzeitig dahingehend, daß er nur eine Elementarschranke darstellen und die unverzichtbare ethische Minimalbindung des Einzelnen umschreiben soll. Andererseits rechnen sie zu diesem Sittengesetz die meisten Strafgesetze als Ausdruck der allgemein anzuerkennenden sittlichen Ordnung. Das Bundesverwaltungsgericht[49]) sieht dagegen nicht in dem Sittengesetz des Art. 2 Abs. 1 GG die Einschränkung der Kunstfreiheit, sondern nur in den gemeinschaftsbestandsnotwendigen Gütern im Sinne der allgemeinen grundlegenden Anschauungen über die ethische Gebundenheit des Einzelnen in der Gemeinschaft. Andererseits bezeichnet es diese ethische Bindung als „Sittengesetz", obwohl es sich hierbei

---

44) aaO. S. 227/228.
45) In UFITA Bd. 50 (1967) S. 620/621.
46) NJW 1964, 559.
47) UFITA Bd. 50 (1967) S. 726.
48) Erbel, aaO. S. 122 und die dort zitierten Literaturstellen.
49) UFITA Bd. 20 (1955) S. 192.

gerade um den in Art. 2 Abs. 1 GG verwandten Begriff handelt. Es fehlt also allgemein an den notwendigen Abgrenzungen und Differenzierungen.

Diese Unklarheiten in der Begriffsbildung führen zwangsläufig zu Unklarheiten bei der Bestimmung etwaiger sittlicher Schranken der Kunstfreiheit. Wenn sittliche Prinzipien die Kunstfreiheit einschränken sollen, dann muß zunächst genau bestimmt werden, welche sittlichen Bindungen es gibt und welche dieser Bindungen bei welcher Vorschrift des Grundgesetzes gemeint sein können.

Der Ausdruck „Sittengesetz" steht im Art. 2 Abs. 1 GG zusammen mit den „Rechten anderer" und der „Verfassungsordnung". Er kommt im Art. 5 nicht vor, insbesondere nicht in Zusammenhang mit der dort niedergelegten Kunstfreiheit. Der Begriff des Sittengesetzes muß also systematisch-teleologisch aus Art. 2 GG interpretiert werden. Systematische Einordnung sowie Sinn und Zweck der Kunstfreiheitsgarantie können hierbei nicht herangezogen werden. Auf einem anderen Gebiet liegt die Frage, ob der Begriff des Sittengesetzes, falls man ihn als Beschränkung der Kunstfreiheit anerkennen will, bei Kollisionen im Einzelfall einschränkend auszulegen ist, wie es das Bundesverfassungsgericht in seinem „Lüth"-Urteil[50]) mit den allgemeinen Gesetzen im Verhältnis zur freien Meinungsäußerung getan hat. Die idealtypische Fixierung, um die es hier geht, darf jedoch hiervon nicht beeinflußt, sondern muß allein aus Art. 2 Abs. 1 GG entnommen werden.

Bei der Auslegung des **Begriffs des Sittengesetzes im Rahmen des Art. 2 Abs. 1 GG** ist als Ausgangsposition festzuhalten, daß dieser Art. 2 zunächst die freie Entfaltung der Persönlichkeit auf allen Lebensgebieten, also ganz generell konstituiert. Bei der zwangsläufigen Einordnung jedes Einzelmenschen in Gemeinschaft und Gesellschaft ist es nur konsequent, daß auch die Beschränkungen dieser ganz allgemeinen Freiheit durch das Sittengesetz generell formuliert sind und entsprechend aufgefaßt werden müssen. Eine Modifikation ergibt sich nur insofern, als der Gemeinschaftsvorbehalt des Art. 2 Abs. 1 GG außer dem „Sittengesetz" auch noch die „Rechte anderer" und die „Verfassungsordnung" enthält. Das „Sittengesetz" im Sinne des Art. 2 ist also extensiv zu interpretieren, und zwar als diejenige Gemeinschaftsbindung des Einzelnen, die er außer der „Verfassungs-

---

[50]) Siehe NJW 1958, 257.

ordnung" und den „Rechten anderer" als Grenze seiner allgemeinen freien Entfaltung im Interesse des sozialen Lebens hinnehmen muß.

Bei der Auslegung des Begriffs des Sittengesetzes ist ferner zu beachten, daß zwar von einem „Gesetz" gesprochen wird, dies aber nicht im Sinne des technischen Gesetzesbegriffs gemeint sein kann. Das ergibt sich schon aus der Tatsache, daß im Art. 2 Abs. 1 GG neben dem „Sittengesetz" die „Verfassungsordnung" steht, die bereits alle allgemeinen Gesetze mit umfaßt. Wären also unter „Sittengesetz" nur die moralischen Vorstellungen zu verstehen, die in formellen Gesetzen ihren Niederschlag gefunden haben, so wäre eine besondere Erwähnung des Sittengesetzes im Art. 2 Abs. 1 GG nicht erforderlich gewesen. Der Begriff des Sittengesetzes ist also weitergehend zu interpretieren und beschränkt sich nicht auf die in formellen Gesetzen verkörperten sittlichen Vorstellungen. Es ist möglich, daß solche sittlichen Vorstellungen auf einzelnen Gebieten nicht oder noch nicht oder nicht mehr eine gesetzliche Formulierung erhalten haben. Das besagt natürlich nicht, daß nicht auch formelle Gesetze, die Regelungen auf sittlichen Gebieten treffen, zum Sittengesetz gehören können (vgl. z. B. die Sittlichkeitsdelikte des Strafgesetzbuches). Solche formellen Gesetze füllen aber den Begriff des Sittengesetzes nicht völlig aus. Es ist auch denkbar, daß eine entsprechende gesetzliche Bestimmung auf diesem Sektor von der Gesellschaft nicht mehr als verbindliche sittliche Norm anerkannt wird, d. h. also, daß das betreffende Gesetz veraltet oder überholt und zur Aufhebung reif und hier der Begriff Sittengesetz enger auszulegen ist.

Die Erwähnung des Wortes „Gesetz" im Zusammenhang mit „Sitten" hat also eine allgemeinere Bedeutung und muß als Norm allgemeiner Art verstanden werden. Ebensowenig wie sich das Sittengesetz in den entsprechenden formellen Gesetzen erschöpft, ist es an die tatsächlichen Verhaltensweisen auf dem moralischen Gebiet gebunden. Es umschließt vielmehr diejenigen Regeln, die von der Gesellschaft als verbindliche sittliche Normen anerkannt werden, selbst wenn häufig von der Allgemeinheit nicht mehr oder noch nicht danach gehandelt wird. Entscheidend ist die allgemeine Vorstellung und der allgemeine Wille zur Gebundenheit an diese sittlichen Regeln. Als normativer Begriff deckt sich der Begriff des Sittengesetzes auch nicht mit dem „sittlichen Empfinden", da dieser letztere Begriff wort- und sinngemäß Rücksicht auf Emotionen und Sentiments (auch Ressentiments?) nimmt, also keine Normbindung verlangt und daher andersartig ist als der normative sittliche Begriff.

Was den Inhalt des Sittengesetzes angeht, so umfaßt es alle Arten von Wertvorstellungen, die als sittliche Normen Gültigkeit haben. Es beschränkt sich keinesfalls auf das sexuelle Gebiet, obwohl es gerade auf diesem Sektor im Hinblick auf unzüchtige, obszöne oder pornographische Werke oder Verhaltensweisen besonders oft zitiert wird, so daß häufig Identität zwischen dem Sittengesetz und Moralvorstellungen auf dem sexuellen Gebiet angenommen wird. Tatsächlich gehen die von der Gesellschaft anerkannten und als gültig betrachteten sittlichen Normen wesentlich weiter als die entsprechenden Normen für sexuelles Verhalten. Sie umfassen gleichermaßen die Wertvorstellungen auf den Gebieten des Humanen, des Religiösen und der Toleranz und sogar im Hinblick auf das allgemeine Benehmen und Verhalten in der Öffentlichkeit. Zu erwähnen sei hier z.B. die Ablehnung von Äußerungen oder Handlungen ausgesprochen brutalen Charakters, die abstumpfend oder verrohend wirken könnten und hierdurch den sittlichen Wertvorstellungen und damit auch dem Sittengesetz widersprechen würden.

Von wesentlicher Bedeutung bei der Auslegung des Begriffs des Sittengesetzes ist die Abstellung auf die Wertvorstellungen der Allgemeinheit. Das Grundgesetz bekennt sich in seiner Verfassungsordnung zur pluralistischen demokratischen Gesellschaft. Das hat zwangsläufig zur Folge, daß nur solche Wertvorstellungen verfassungsrechtlich als „Sittengesetz" angesehen und geschützt werden können, die von der Allgemeinheit der Staatsbürger getragen werden. Es können also nicht die Auffassungen einzelner weltanschaulicher, religiöser, politischer oder sonstiger gesellschaftlicher Gruppen bei der Auslegung des Begriffs des Sittengesetzes herangezogen werden. Nur was von der Allgemeinheit der Staatsbürger als sittliche Norm anerkannt wird, rechnet zum verfassungsmäßig geschützten Sittengesetz. Unter der „Allgemeinheit der Staatsbürger" wird man freilich gemäß den Grundregeln der Demokratie nicht sämtliche Staatsbürger zu verstehen haben, was schon wegen der Außenseiter jeder Gesellschaft gemeinsame sittliche Normen praktisch unmöglich machen würde und wobei nur darauf hingewiesen zu werden braucht, daß mit einer qualifizierten Majorität des Parlaments, und damit letztlich der Staatsbürger, sogar Verfassungsvorschriften geändert werden können. In diesem Zusammenhang wird auch die „öffentliche Meinung" auf diesem Gebiet eine Rolle zu spielen haben, wobei man freilich bei der Ermittlung dieser „öffentlichen Meinung" (z.B. demoskopische Untersuchungen) Vorsicht und Zurückhaltung walten lassen sollte. Im Rahmen dieser „öffentlichen Meinung" kommen das „sittliche Mindestniveau", das „allgemeine Scham- und Anstandsgefühl" und die „unantastbare Intimsphäre" zum Tragen[51]).

Unter Berücksichtigung dieser Momente wird man den Begriff des Sittengesetzes im Sinne des Art. 2 Abs. 1 GG dahingehend interpretieren können, daß darunter die von der Allgemeinheit der Staatsbürger als verbindliche, bindende und schutzwürdige Normen anerkannten Wertvorstellungen auf dem moralischen Gebiet zu verstehen sind. Diese Interpretation dürfte den Kern treffen und praktikabel sein, auch wenn hier erneut auf die bei solchen allgemein gehaltenen kurzen Definitionen unerlässliche Simplifizierung und Pauschalierung hingewiesen werden soll[52]).

Es ist offensichtlich, daß das so auszulegende Sittengesetz des Art. 2 Abs. 1 GG nach Zeiten, Völkern, Staaten und Nationen starken Wandlungen unterworfen ist. Wenn man größere Zeiträume und alle Völkergruppen überblickt, so gibt es wohl kaum eine heute und bei uns gültige sittliche Norm, die nicht zu früheren Zeiten oder bei anderen Völkern anders bewertet und gehandhabt worden wäre[53]). Das Gleiche dürfte bei einer Blickrichtung in die ferne Zukunft gelten. Aber auch bei Betrachtung kürzerer Zeiträume und kulturell zusammengehöriger Völker, die eine gemeinsame geschichtliche Entwicklung verbindet, zeigt sich in eklatanter Weise die Relativität der Normen des Sittengesetzes. Manches, was noch vor kurzem für die Allgemeinheit moralisch verbindlich war, ist heute bereits fragwürdig geworden und wird voraussichtlich morgen keine Gültigkeit mehr beanspruchen können.

---

[51]) Vgl. z. B. OVG Rheinland-Pfalz in UFITA Bd. 50 (1967) S. 751: „... Jedoch kann die Verletzung des Sittengesetzes darin liegen, daß nicht der dargestellte Vorgang, sondern allein die Vorführung dieses Vorganges vor einem Publikum das Sittengesetz verletzt. Das entscheidende Merkmal für die Verletzung des Sittengesetzes liegt dann nicht in dem Vorgang, der dargestellt wird, sondern darin, daß dieser Vorgang einem Publikum dargeboten wird. Der Vorgang selbst kann sittlich völlig einwandfrei sein, wie es etwa bei dem Geschlechtsverkehr zwischen Eheleuten der Fall wäre. Trotzdem erscheint es fraglich, ob die Vorführung eines Films, in dem der Geschlechtsverkehr zwischen Eheleuten gezeigt würde, nicht gegen das Sittengesetz verstößt..."

[52]) Die Kritik von Mosel in UFITA Bd. 50 (1967) S. 619 ff. an solchen Definitionen ist durchaus zu verstehen, aber es darf auch nicht vergessen werden, daß für die praktische Arbeit im Rahmen der Rechtsprechung bestimmte Definitionen als Grundlagen unerlässlich sind, um der Gefahr einer unvorhersehbaren und völlig verschiedenartigen gerichtlichen Auslegung der Begriffe im Einzelfall zu begegnen.

[53]) Vgl. hierzu nur die entsprechenden umfassenden und aufschlußreichen Ausführungen in der „Kulturgeschichte der Neuzeit" von Egon Friedell.

Für diesen ständigen Wechsel und diese Relativität des Sittengesetzes sollen nur einige Beispiele aus neuester Zeit gebracht werden. Während noch das Bundesverfassungsgericht in seiner erwähnten Entscheidung[54]) die Homosexualität als eine Verletzung des Sittengesetzes angesehen hat, beginnt sich in wachsendem Maße eine andere Einstellung gegenüber der Homosexualität durchzusetzen, die sie nicht mehr derart scharf verurteilt, was bereits in einigen uns kulturell verbundenen Staaten (wie z.B. Großbritannien) zur Aufhebung der strafrechtlichen Vorschriften gegen die Homosexualität geführt hat und wohl auch in der Bundesrepublik im Rahmen der Strafrechtsreform entsprechende Maßnahmen erwarten läßt. Ähnliches kann man über die Auffassung zur Abtreibung bei hygienischer oder sozialer Indikation sagen. Die Möglichkeit der Geburtenregelung durch die „Pille" und die soziale Notwendigkeit einer Geburtenregelung und Geburtenbeschränkung haben die moralischen Auffassungen auf diesem Gebiet weitgehend verändert[55]). Als exemplarisch darf die ständig spärlichere Bekleidung junger Mädchen (Mini/Bikini) in der Öffentlichkeit bezeichnet werden, die vor noch nicht allzu langer Zeit einen polizeiwidrigen Zustand bedeutet hätte. Auf dem sexuellen Gebiet setzt sich eine immer stärkere „Enttabuisierung" durch, die in der freizügigeren Darstellung detaillierter sexueller Intimitäten in illustrierten Zeitschriften, Filmen, Romanen u. ä. m. ihren Niederschlag findet. Wachsende allgemeine Anerkennung legitimiert eine sexuelle Aufklärung, die im Geschlechtlichen nicht nur die physiologische Funktion der Fortpflanzung, sondern ein Mittel der Lust und Freude, sowie des Glücks und der Harmonie sieht, das im Kontrast zum Zölibatären der Sozial- und Individualhygiene dient und verhindert, daß durch Frustration Aggressionstendenzen aufkommen. Die Sexualmoral lockert sich zusehends, was sich z.B. darin ausdrückt, daß man (nachdem 40% aller erstehelich geborenen Kinder vor der Ehe erzeugt sind) den außerehelichen Geschlechtsverkehr nicht mehr generell als Unzucht bezeichnen kann und will. Es ist fraglich, ob in einem Land wie Italien das Verbot der Ehescheidung trotz des entsprechenden Gesetzes noch als sittlich verbindliche Norm angesehen werden kann, nachdem erwiesenermaßen fünf Millionen Italiener wegen der Unmöglichkeit der Ehescheidung im Konkubinat leben. Auch das Verbot der

---

[54]) NJW 1957, 865.

[55]) Es ist zu begrüßen, daß selbst maßgebende Kreise der katholischen Kirche hier Einsicht und Wandlungsfähigkeit zeigen, jedoch sollte man dann auch den Mut haben, in Zukunft mit den „ewig gültigen Werten" der Moraltheologie etwas zurückhaltender zu argumentieren. Der regressive Charakter der Enzyklika „Vitae Humanae" könnte dialektisch dazu führen, daß dieser Auflockerungsprozeß sogar beschleunigt wird.

Gotteslästerung gemäß § 166 StGB halten manche Theologen für fragwürdig[56]).

Bereits diese Beispiele (im einzelnen mögen es kleinere Steine sein, aber zusammen bilden sie bereits ein farbenprächtiges Mosaik), die beträchtlich erweitert werden könnten, dürften erweisen, daß es sich bei den sittlichen Wertvorstellungen um Anschauungen handelt, die ständig im Fluß und einem häufigen Wechsel und Bedeutungswandel unterworfen sind, so daß vor kurzem in der evangelischen Film-Korrespondenz „Kirche und Film" mit Recht erklärt worden ist, daß unter „Moral" die „Klischees der Allgemeinheit von gestern" zu verstehen seien[57]). C. G. *Jung*[58]) sagt treffend: „So viel sollten wir aus der Kulturgeschichte gelernt haben, daß auch Moralformen zu den vergänglichen Dingen gehören" [59]).

---

[56]) So hat Präses Beckmann auf einer Tagung der Mülheimer Evangelischen Akademie (zitiert nach Erbel, aaO. S. 151) die Strafdrohung des § 166 StGB in einer pluralistischen Massengesellschaft, die keinen einheitlichen Gottesbegriff mehr und viele Atheisten in ihren Reihen hat, für soziologisch überholt, aber auch für unvereinbar mit der „Heiligen Schrift" erklärt.

[57]) In Nr. 10 dieser Korrespondenz vom Oktober 1967 (S. 5) heißt es in einem Bericht über die Studienkonferenz von INTERFILM „Das Gespräch über die Moral" wörtlich: „... In seinem Referat über die Beziehungen zwischen Moral und Unterhaltungsfilm warnte Dr. Hermann Gerber vor dem Trugschluß einer Verwechslung zeitgebundener Moral mit dem, was er die ‚ewigen Normen' nannte. Die übertriebene Rücksicht auf die Sitte von gestern, so interpretierte der Filmbeauftragte der EKD seine These, versperre nur allzuleicht den freien Ausblick auf das Heute, auf seine Vorzüge und auch seine Sitte ..." „... Einen Bundesgenossen, wenn auch keineswegs den einzigen, fand Gerber in dem Holländer de Graaf, seines Zeichens Professor für Ethik an der Universität Utrecht. Auch er warnte die Kirche davor, sich stets als Hüterin der sogenannten öffentlichen Moral mißbrauchen zu lassen. In seinem ungemein präzisen, auf den Kern der Sache zielenden Referat vertrat de Graaf darüber hinaus die Meinung, daß Moraldenken seit jeher für die meisten Menschen nichts anderes bedeute, als sich den Klischees der Mehrheit zu unterwerfen. Der Christ dagegen, so fand er, müsse sich um Verhaltensregeln bemühen, die dem Gebot der Liebe am nächsten kämen ..."

[58]) Zitiert bei Mosel in UFITA Bd. 50 (1967) S. 610.

[59]) In einem Urteil des OLG Düsseldorf vom 3. Febr. 1966 (NJW 1966, 1186 ff.) steht: „... Bei der Entscheidung, ob Abbildungen (hier: Postkarten mit Buntbildern einer spärlich bekleideten Schauspielerin) offensichtlich sittlich schwer jugendgefährdend sind, müssen Wandlungen der zeitgenössischen Wertvorstellungen gerade auch im Bereich der Sexualität berücksichtigt werden ..." — Über die „Wandelbarkeit des Sittengesetzes" vgl. auch Nipperdey, aaO. S. 820 und die dort zitierten Ausführungen aus einer Entscheidung des Bundesverfassungsgerichts. Im Gegensatz hierzu BGH in BGHSt 6,47: „... Normen des Sittengesetzes dagegen gelten aus sich selbst heraus; ihre starke Verbindlichkeit beruht auf der vorgegebenen und hinzunehmenden Ordnung der Werte und den das menschliche Zusammenleben regierenden Sollensätzen; sie gelten unabhängig davon, ob diejenigen, an die sie sich mit dem Anspruch der Befolgung wenden, sie wirklich befolgen oder anerkennen oder nicht; ihr Inhalt kann sich nicht deswegen ändern, weil die Anschauungen über das, was gilt, wechseln ...". Diese bedenklichen dem katholischen Naturrecht, also der Moraltheologie, entstammenden und dem Grundgesetz einer pluralistischen Gesellschaft nicht entsprechenden Ausführungen, werden von Stödter in „Vorgänge", München, Nr. 1/1968 scharf und zutreffend kritisiert. — Die „Relativierung der Moral" wird auch in dem neuen ausgezeichneten Werk von Alexander und Margarete Mitscherlich „Die Unfähigkeit zu trauern" (Piper & Co Verlag, München, 1967) vertreten. Es heißt dort (S. 159) wörtlich: „... Die Prozesse dieser fortschreitenden Industrialisierung, Verwissenschaftlichung, des

Auch an der Beurteilung von Kunstwerken unter sittlichen Gesichtspunkten läßt sich der ständige Wechsel und Bedeutungswandel in den moralischen Wertvorstellungen der Allgemeinheit gut demonstrieren. In seinem vorzüglichen, ebenso amüsanten wie aufschlußreichen Buch „OBSZÖN"[60]) hat Ludwig *Marcuse* die wichtigsten Prozesse der letzten zweihundert Jahre gegen angeblich unzüchtige Kunstwerke zusammengestellt. Er hat hierbei die Fälle „Lucinde" von Schlegel, „Madame Bovary" von Flaubert, „Les Fleurs du Mal" von Baudelaire, „Der Reigen" von Schnitzler, „Lady Chatterley" von Lawrence und die „Wendekreise" von Miller ausführlich abgehandelt. Dieses Buch zeigt, wie umstritten schon damals alle diese Fälle waren und wie schwer es in jedem der Fälle gewesen ist, gültige sittliche Maßstäbe für die Beurteilung der etwaigen Obszönität dieser Kunstwerke zu finden. Besonders beachtlich und nachdenkenswert an diesen Fällen ist aber die Tatsache, daß alle diese Kunstwerke, die seinerzeit so viel Ärger und Aufwand verursacht haben, heute im Hinblick auf etwaige Verstöße gegen das Sittengesetz und damit verbundene Verbreitungsbeschränkungen nicht die geringste Problematik aufweisen, sondern als ausgesprochene Kunstwerke allgemein anerkannt und nicht einmal als jugendgefährdend indiziert sind. Der Roman „Ulysses" von James *Joyce*, der noch in den zwanziger Jahren nur im Subskriptionsverfahren bezogen werden konnte, während er heute als ein klassisches Werk der Literatur frei erhältlich ist und wegen seiner Bedeutung für die Literaturgeschichte sogar häufig in anderen Werken erwähnt und kommentiert wird, ist ein weiteres prägnantes Beispiel für den Bedeutungswandel sittlicher Maßstäbe bei Kunstwerken. Die beiden Gerichtsverfahren der Nachkriegszeit über die Filme „Die

---

Aufbaus totaler Verwaltungsmaschinerien erzwingen — und dies ist die zweite Entwicklung — die Distanzierung von vielen der moralischen Maximen auch unserer eigenen Kulturtradition. Wir beginnen, diese unsere Moral zu ihrer Vergangenheit relativ zu sehen, wie wir sie gegenwärtig relativ zu den Moralen anderer Länder, anderer Kontinente sehen müssen. In dem Maß, in dem sich unsere Umwelt unter diesen Geschehnissen, die keinen Teil der Erde mehr ausnehmen, global verwandelt, altert unsere Moral. Viele ihrer Anweisungen werden zunehmend unbrauchbarer. Da aber eine Gesellschaft ohne Regeln für ihr Triebverhalten undenkbar ist, uns die alten Regeln nicht nur lästig wie immer, sondern darüber hinaus oft sinnlos erscheinen — und es nicht selten sind —, geht die Suche nach verpflichtenden neuen Werten, aus denen sich Moral ableiten läßt, weiter..."

[60]) Wörtlich (List, 1962 S. 13): „... Das lehrt die lange Geschichte: obszön ist, wer oder was irgendwo irgendwann irgendwen aus irgendwelchem Grund zur Entrüstung getrieben hat. Nur im Ereignis der Entrüstung ist das Obszöne mehr als ein Gespenst. — Die Identität ist noch nicht komplett. Die spezielle Entrüstung, die einen ihrer beliebtesten Namen im Schimpfwort Obszön hat, richtet sich gegen den Bereich des Sexuellen und benachbarte Gebiete. — Und weil dies Obszöne eine Gleichung mit mindestens sechs Unbekannten ist, seufzen die Juristen noch heute: daß es keine Definition gibt, mit denen man Gesetze machen kann ... und machen sie dennoch."

Sünderin" und „Das Schweigen" sind ebenfalls symptomatisch für die Relativität des Sittengesetzes. Schon in der Auswahl dieser beiden Werke, nämlich einer melodramatischen Kolportage harmlosen Charakters und eines problemhaltigen Kunstwerkes seriöser Prägung, zeigen sich die ganze Unsicherheit und Zufälligkeit, die auf diesem Gebiet herrschen. Noch exemplarischer dürfte die Tatsache sein, daß heute bei allen fachkundigen, mit dieser Materie befaßten Stellen und Personen einheitlich die Meinung besteht, daß ein Film wie „Die Sünderin", der noch vor fünfzehn Jahren in breiten Volkskreisen Anstoß und sogar Empörung erregt hat, heute nicht mehr die geringste negative Reaktion in der Öffentlichkeit hervorrufen würde. Die Auswahl der übrigen Fälle, die in der Rechtsprechung eine Rolle gespielt haben (das Gedicht von Döhl und die Plastik von Baselitz in den erwähnten Bundesgerichtshofsurteilen, „Notre Dame des Fleurs" von Genet im Urteil des LG Hamburg[61]), lassen im Hinblick auf andere Romane, Theaterstücke, Gemälde und Skulpturen jede Proportion und Relation vermissen und zeigen eklatant die ganze Zufälligkeit und Unsicherheit, die auf dem Gebiet der Bestimmung von „unzüchtiger Kunst" auch noch heutzutage und hierzulande bestehen. Auf derselben Linie liegen die von Erbel[62]) erwähnten Fälle aus der Nachkriegsrechtsprechung, die nicht die höchsten Gerichte beschäftigt haben[63]).

Diese typischen Beispiele dürften die Wandlungsfähigkeit und Wechselhaftigkeit, die Relativität und Abänderungsmöglichkeit der Normen des Sittengesetzes erweisen. Dabei ist insofern ein dialektischer Prozeß zu erkennen, als oft gerade solche moralischen Wertvorstellungen, die zeitweise eine starke verbindliche Wirkung hatten, nach einer gewissen Frist durch entgegengesetzte Wertvorstellungen abgelöst werden. Die Wandlungsfähigkeit und Relativität des Sittengesetzes schließen infolgedessen keinesfalls aus, daß die sich ändernden Normen in der Zeit ihrer Gültigkeit und Herrschaft starke Verbindlichkeit und repräsentativen Charakter für die betreffende Gesellschaft hatten. Das dürfte seinen Grund darin

---

[61]) UFITA Bd. 38 (1962) S. 181, Bd. 44 (1965) S. 181, Bd. 38 (1962) S. 209.

[62]) aaO. S. 140/141.

[63]) Mit Recht erklärt Mosel in UFITA Bd. 50 (1967) S. 624 hierzu: „Wie die Erfahrung lehrt, wirkt Kunst in der Regel nur provozierend, so lange sie neu und unvertraut ist. Später geht sie in den Fundus ein. Der Klassik wird in der Regel sogar ein gerüttelt Maß an Unzüchtigkeit zugute gehalten." Nur stellt es Mosel zu sehr auf die künstlerische Tradition und zu wenig auf die Änderung der moralischen Anschauungen im Laufe relativ kurzer Zeiträume ab, in denen der Hauptgrund für diese andere Beurteilung der Kunstwerke liegt, wobei freilich durchaus möglich ist, daß richtungweisende Kunstwerke an dieser Änderung sittlicher Prinzipien beachtlich mitgewirkt haben.

haben, daß diese Normen des Sittengesetzes den jeweiligen gesellschaftlichen Zuständen und Notwendigkeiten wirtschaftlicher, politischer und kultureller Art angepaßt sind und ihnen durch Ideologisierung oder gar Mythologisierung einen geistigen Ausdruck verleihen. So kommt es auch zu den häufigen und zahlreichen gesellschaftlichen Tabus, die selten dauerhaften Wert haben und meist nur bestimmten gesellschaftlichen Zuständen entsprechen, d. h. für diese gesellschaftlichen Verhältnisse notwendig oder wenigstens nützlich sind[64]).

Durch diesen Hinweis auf seine Relativität und seinen häufigen Bedeutungswandel soll das Sittengesetz nicht abgewertet, sondern nur festgestellt werden, daß bestimmte gesellschaftliche Verhältnisse und Zustände zwangsläufig bestimmte moralische Vorstellungen nach sich ziehen und daß durch die im Verfolg der politischen, wirtschaftlichen und technischen Entwicklung eintretende Änderung dieser gesellschaftlichen Verhältnisse und Zustände sich auch die entsprechenden Vorschriften des Sittengesetzes zu wandeln pflegen. Das besagt nichts gegen die Anerkennung und Gültigkeit bestimmter moralischer Normen für bestimmte Zeiten und bestimmte Völker bzw. Staaten. Nur sollte man im Hinblick auf solche zeitgebundenen moralischen Wertvorstellungen nicht deklamatorisch-pathetisch von „ewigen Werten" sprechen. Man sollte vielmehr alles unterstützen, was einen gesunden Wandlungsprozeß fördert, vor allem im Hinblick auf die rechtzeitige Anpassung der Ideologien an die tatsächlichen gesellschaftlichen Zustände und Verhältnisse.

Nach dieser Klärung des Begriffs des Sittengesetzes im Sinne des Art. 2 Abs. 1 GG dürfte offensichtlich sein, daß das Bundesverwaltungsgericht und das Oberverwaltungsgericht Rheinland-Pfalz diesen Begriff sicher nicht gemeint haben, wenn sie von „Sittengesetz" sprechen und dabei auf die „allgemeinen grundlegenden Anschauungen über die ethische Gebundenheit des Einzelnen in der Gemeinschaft" hinweisen. Das gilt um so mehr, als das Bundesverwaltungsgericht erkennen läßt und das Oberverwaltungsgericht ausdrücklich betont, daß sie den Art. 2 Abs. 1 GG und damit auch das

---

[64]) Als exemplarisch hierfür darf nochmals auf die Frage der sittlichen Bewertung der Geburtenregelung hingewiesen werden. Im Laufe der geschichtlichen Entwicklung der einzelnen Völker und Staaten kann festgestellt werden, daß bei Bevölkerungsabnahme meist strenge sittliche, oft sogar strafrechtlich sanktionierte Normen gegen die Geburtenbeschränkung gültig sind, während bei Gefahr einer Überbevölkerung sich sehr schnell sittliche Normen durchsetzen, die entweder in der Geburtenbeschränkung ein moralisches Gebot sehen oder mindestens hiergegen keine moralischen Einwendungen mehr erheben.

dort erwähnte „Sittengesetz" nicht als Schranke der Kunstfreiheit anerkennen wollen. Sie müssen also ihren Begriff des Sittengesetzes andersartiger und grundlegender aufgefaßt haben, als es für den Begriff „Sittengesetz" im Sinne des Art. 2 Abs. 1 GG maßgebend ist. Es wäre freilich besser gewesen, wenn diese beiden Gerichte im Sinne der Klarheit und Unterscheidungskraft der Terminologie dann auch einen anderen Ausdruck benutzt hätten. Es erscheint also erforderlich, neben dem Begriff des Sittengesetzes im Sinne des Art. 2 Abs. 1 GG noch einen qualifizierteren und höherwertigen Begriff für Fragen der Sittenordnung zu prägen. Man sollte hier wohl am besten von den „grundlegenden ethischen Normen" sprechen, da allgemein der Begriff der „Ethik" Höherwertigeres und Dauerhafteres erfaßt als die Begriffe der Sitte, Sittlichkeit und Moral.

Was ist nun unter dem Begriff der allgemeingültigen ethischen Grundnormen zu verstehen? Er soll sich zunächst klar abgrenzen gegen den Begriff des Sittengesetzes und sich daher keinesfalls mit der Gesamtheit der Normen decken, die den jeweiligen Zustand des gesellschaftlichen Zusammenlebens auf dem moralischen Gebiet kennzeichnen. Er soll nur diejenigen Normen auf diesem Sektor umfassen, die tatsächlich für den Bestand derjenigen Gemeinschaft, die das Grundgesetz voraussetzt, auf der sittlichen Ebene unerlässlich sind. Sie bilden das Pendant zu den für die politische Verfassung des Grundgesetzes unabdingbaren Vorschriften. Der Grundgesetzgeber hat mit dem Grundgesetz bestimmte Wertentscheidungen auf der politischen und auch auf der sittlichen Ebene getroffen. Sie sind für diese Staats- und Gesellschaftsordnung konstituierend. Der Natur der Sache nach enthalten sie nur einige wesentliche Grundsätze und Prinzipien und sind keinesfalls gleichbedeutend mit der Gesamtheit der jeweils gültigen Rechts- und Sittenordnung. Man wird auf dem sittlichen Gebiet als solche von der Verfassung anerkannte Grundprinzipien die Werte der Humanität und der Toleranz, der Achtung des Menschenlebens und der Anerkennung transzendenter Bindungen sowie die auf Ehe und Familie aufbauende monogame Struktur der Gemeinschaft zu verstehen haben. Dabei ist die „transzendente Bindung" ganz generell und nicht im Sinne einzelner weltanschaulicher, religiöser oder kirchlicher Heilslehren oder Institutionen und sind „Ehe und Familie" nur als gesellschaftliches Strukturprinzip und nicht im Sinne einer sexuellen Ausschließlichkeit zu begreifen. (Mit Recht H. *Schelsky* in „Soziologie der Sexualität" wörtlich: „Die Ehe braucht daher keineswegs im Sinne einer Ausschließlichkeit der Geschlechtsbeziehungen auf die

Ehepartner institutionalisiert zu sein, sondern Sitte und Gesetz oder wenigstens soziale Duldung können nebenehelichen Geschlechtsverkehr gestatten, zuweilen sogar gebieten.") Auf diesen Grundprinzipien baut unser Staats- und Gesellschaftswesen in sittlicher Hinsicht auf und sieht sie deshalb als die unerlässliche Gebundenheit des Einzelnen in der Gemeinschaft außerhalb der eigentlichen politischen Sphäre an. Diese ethischen Normen sind infolgedessen wertmäßig höher einzuschätzen als das Sittengesetz. Es bleibt festzustellen, daß es über dem in Art. 2 Abs. 1 GG formulierten Sittengesetz noch sittliche Wertvorstellungen gibt, die ohne besondere Erwähnung in Einzelvorschriften dem Grundgesetz als konstituierende moralische Merkmale immanent sind und die man am besten als „ethische Grundnormen" bezeichnen sollte.

Mit dieser Unterscheidung zwischen den „ethischen Grundnormen" und dem „Sittengesetz" kann eine Klarheit der Formulierung erreicht und die zur Zeit auf dem Gebiet der Sittenordnung herrschende Begriffsverwirrung beseitigt werden. Wo von Werten gesprochen wird, die „für den Bestand der Gemeinschaft notwendig sind", sollte man den Ausdruck „ethische Grundnormen" wählen. Wo dagegen ganz allgemein von allen jeweils herrschenden moralischen Wertvorstellungen die Rede ist, sollte man von „Sittengesetz" sprechen. Gemäß der Systematik und Formulierung des Grundgesetzes sollte man den Ausdruck „Sittengesetz im Sinne der Verfassung" nur benutzen, wenn es um eine Anwendung des Art. 2 Abs. 1 GG geht. Soweit es sich jedoch um die Frage immanenter grundgesetzlicher Schranken auf dem Gebiet der Sittenordnung handelt, sollte man nur von den „ethischen Grundnormen" reden.

Diese Klarstellung in der Formulierung kann nicht Wunder vollbringen und alle bisherigen Probleme und Konflikte auf diesem Gebiet schlagartig lösen. Es wird die Schwierigkeit der Beurteilung in vielen einzelnen Fällen bei der Kollision zwischen Kunstfreiheit und Sittlichkeit bleiben, und zwar nunmehr dahingehend, ob die in diesen Fällen betroffenen Wertvorstellungen den ethischen Grundnormen oder dem Sittengesetz zugehören. Die oben erwähnten Beispiele dürften aber demonstrieren, daß Grenzwerte gesetzt werden können und die Lösung in zahlreichen Fällen leichter wird. Dabei wird man die Interpretation und Entscheidung über die Frage, ob das Sittengesetz oder die ethischen Grundnormen in Betracht kommen, den Richtern zu überlassen haben. Sie sind kraft ihrer Ausbildung und ihres Amtes, ihrer Erfahrung und ihrer Kenntnis dazu befähigt, den gesellschaftlichen Prozeß auf diesem Gebiet zu verfolgen, zumal er sich häufig, vor allem was das Sittengesetz angeht, in Gesetzen und Verordnungen niederschlägt (man denke nur an Strafrecht und Strafrechtsreform). Die Richter sind auch dazu in der Lage, kraft ihrer Kenntnis der geschichtlichen und politischen, kulturellen und sittlichen Grundlagen unserer Verfassung darüber zu entscheiden, welche Wertvorstellungen als „ethische Grundnormen der Verfassung" konstituierenden Charakter für unser Staats- und Gesellschaftsleben haben.

5. Die unerlässliche Kritik an Rechtsprechung und Rechtslehre

Nach Klärung der Grundbegriffe „Kunst" und „Sittengesetz" kann nunmehr eine kritische Wertung der bisherigen wesentlichen Gerichtsentscheidungen und wissenschaftlichen Abhandlungen über das Verhältnis der Garantie der Kunstfreiheit zum Gemeinschaftsvorbehalt des Sittengesetzes, die in den einleitenden Abschnitten geschildert wurden, vorgenommen werden. Diese kritische Betrachtung hat sich vor allem mit der Lehre der Schrankentrias und der Lehre über die gemeinschaftsbestandsnotwendigen Rechtsgüter zu beschäftigen, da diese beiden Theorien in Rechtsprechung und Rechtslehre überwiegend vertreten werden.

Der Theorie von der Schrankentrias, die in dem Gemeinschaftsvorbehalt des Art. 2 Abs. 1 GG und damit in dem allgemeinen Sittengesetz eine Schranke für die Kunstfreiheit des Art. 5 Abs. 3 GG sehen will und vom Bundesgerichtshof in seinen beiden einschlägigen Urteilen[65]) angewandt sowie von der vorherrschenden Meinung in der rechtswissenschaftlichen Literatur[66]) vertreten wird, kann nicht gefolgt werden. Sie wird weder dem Wortlaut und der systematischen Einordnung des Art. 5 Abs. 3 GG noch dem Sinn und Zweck dieser Verfassungsvorschrift gerecht. Sie berücksichtigt nicht genügend die menschliche und soziologische Funktion der Kunst in der freiheitlichen Gesellschaftsordnung und im demokratisch-liberalen Rechtsstaat und die damit in Verbindung stehende wesenhafte Bedeutung einer umfassenden Kunstfreiheitsgarantie.

Zu der in dieser Hinsicht vom Bundesgerichtshof vertretenen Auffassung schreibt *Erbel*[67]) kritisch, daß damit nur scheinbar eine

---

[65]) Vgl. UFITA Bd. 38 (1962) S. 181 und Bd. 44 (1965) S. 181.

[66]) Zitiert bei Erbel, aaO. S. 112 ff.

[67]) aaO. S. 110.

Beschränkung der Kunst durch die allgemeinen Gesetze im Sinne des Art. 5 Abs. 2 GG abgelehnt werde, da in Übereinstimmung mit dem Bundesverfassungsgericht der Begriff „verfassungsmäßige Ordnung" in Art. 2 Abs. 1 GG im Sinne der Gesamtheit der „Rechtsnormen, die formell und materiell der Verfassung gemäß sind" interpretiert werden müsse und deshalb die Kunstfreiheitsgarantie im praktischen Effekt doch unter den allgemeinen Gesetzesvorbehalt komme. Der Bundesgerichtshof gelange dann auch zu dem Ergebnis, daß die Strafgesetze als ein Teil der allgemeinen Gesetze die Kunstfreiheit beschränken würden. Dabei mache er allerdings die Einschränkung, daß in Anlehnung an die Entscheidung des Bundesverfassungsgerichts im Falle „Lüth" [68]), die zur Frage der Meinungsfreiheit und der sie beschränkenden Gesetze ergangen ist, die Strafgesetze unter gebührender Berücksichtigung der der Kunstfreiheit von der Verfassung beigemessenen Bedeutung in ihrer das Grundrecht begrenzenden Wirkung selbst wieder eingeschränkt werden müßten. Diese Kritik von Erbel ist berechtigt. Durch die vom Bundesgerichtshof vertretene und praktizierte Ansicht wird im Ergebnis die Kunstfreiheit der Meinungsfreiheit gleichgestellt, wie nochmals durch den ausdrücklichen Hinweis des Bundesgerichtshofes auf das die Meinungsfreiheit und die sie begrenzenden allgemeinen Gesetze behandelnde Urteil des Bundesverfassungsgerichts betont wird. Die Auffassung des Bundesgerichtshofs berücksichtigt also überhaupt nicht die Sonderstellung der Kunstfreiheit im Grundgesetz, wie sie sich aus Wortlaut, systematischer Stellung und Zweck des Art. 5 Abs. 3 GG ergibt und kann daher nicht geteilt werden.

Die gleiche Kritik muß an der vorherrschenden Meinung in der rechtswissenschaftlichen Literatur geübt werden, soweit sie ebenfalls die Schrankentrias als Grenze der Kunstfreiheit anerkennen will [69]). Diese Meinung in der Rechtslehre kommt nicht umhin, über die in Art. 2 Abs. 1 GG erwähnte „Verfassungsordnung", die gemäß der ständigen Rechtsprechung des Bundesverfassungsgerichts [70]) die Gesamtheit der formell und materiell verfassungsgemäßen Rechtsnormen umfaßt, die ganzen allgemeinen Gesetze als Grenzen der Kunstfreiheit gelten zu lassen. Als einzige Möglichkeit zur Berücksichtigung der besonderen Kunstfreiheit bleibt dann die einschränkende Auslegung der sie beschränkenden Rechtsnormen im Einzelfall,

[68]) NJW 1958, 257.

[69]) Vgl. Erbel, aaO. S. 114 und die dort zitierten Autoren.

[70]) Vgl. Erbel, aaO. S. 110.

was letztlich auf die Einstellung und Praxis des Bundesgerichtshofs hinausläuft und daher der gleichen Kritik unterliegen muß wie die BGH-Urteile.

Erbel, der, wie seine Kritik an diesen BGH-Urteilen erweist, die Problematik und Unzulänglichkeit dieser Auffassung im Grunde einsieht, verfällt dann doch in denselben Fehler, da er auch von der Schrankentrias des Art. 2 Abs. 1 GG ausgeht. Er erblickt in der Persönlichkeitsentfaltung und dem sie einschränkenden Gemeinschaftsvorbehalt des Art. 2 Abs. 1 GG die leitbildartige Bestimmung der Grundrelation von Freiheit und Bindung der in der Gemeinschaft lebenden Personen und in der Kunstfreiheit lediglich eine Konkretisierung und Ausgestaltung dieser Persönlichkeitsentfaltung, wodurch für ihn zwangsläufig die Schrankentrias des Art. 2 Abs. 1 GG (einschließlich des dort erwähnten Sittengesetzes) auch für die Kunstfreiheit des Art. 5 Abs. 3 GG als Begrenzung gelten muß. Offensichtlich selbst unzufrieden mit diesem Ergebnis, versucht er, es dadurch zu modifizieren, daß er entsprechend der Höhe des Schutzgutes der freien Persönlichkeitsentfaltung und der Kunstfreiheit als Grenzen nur die notwendigsten, nämlich die Elementarschranken des Gemeinschaftsvorbehalts anerkennen will. Er bleibt aber dann doch in dem selbstgefertigten Netz der Schrankentrias gefangen, wie seine weiteren Ausführungen über die die Kunstfreiheit beschränkenden Gesetze beweisen[71]). So erkennt er insbesondere fast sämtliche einschlägigen Strafgesetze (vor allem die auf dem sittlichen Gebiet wesentlichen §§ 166, 183, 184 und 184a StGB) als mögliche Grenzen der Kunstfreiheit an und will dann lediglich durch Abwägung im Einzelfall die Schutzpriorität nach dem objektiven Wert der Kunstfreiheit einerseits und der zu schützenden Sozialbindung andererseits festlegen und damit dem Wert der Kunst Rechnung tragen. Diese Ansicht von *Erbel* läuft praktisch auf genau das Gleiche hinaus, wie die von ihm selbst kritisierte Einstellung und Praxis des Bundesgerichtshofes. Auch nach Erbel sollen die Strafgesetze, also „allgemeine Gesetze", grundsätzlich der Kunstfreiheit Schranken setzen, jedoch im Einzelfall bei der Güterabwägung einschränkend ausgelegt werden. Warum erst Beschränkungen eingeführt werden, um dann diese Beschränkungen wieder einschränkend auszulegen, bleibt unerfindlich, falls es sich nicht zwangsläufig aus der Fassung eines Artikels des Grundgesetzes mit konkur-

[71]) Vgl. Erbel, aaO. S. 140 ff.

rierenden Rechten (wie z. B. Art. 5 Abs. 1 und 2 mit „Meinungsfreiheit" und „allgemeinen Gesetzen") ergibt[72]).

Das Bundesverwaltungsgericht hat mit Recht bereits in seinem „Sünderin-Urteil"[73]) die Grenzen für die Freiheit der Kunst viel weiter gesteckt. Es sieht sie nicht in den zur Verfassungsordnung gehörenden gesamten Rechtsnormen und allgemeinen Gesetzen, also nicht in Art. 2 Abs. 1 GG, sondern nur in anderen Grundrechten und den für den Bestand der Gemeinschaft notwendigen Gütern. Hierbei wird vom Bundesverwaltungsgericht leider[74]) in mißverständlicher Weise der Ausdruck „Sittengesetz" gebraucht, der sich aber nicht auf das Sittengesetz im Sinne des Art. 2 Abs. 1 GG, sondern nur auf die hier als „ethische Grundnormen des Grundgesetzes" bezeichneten Werte beziehen kann, wie aus dem Zusatz des Urteils hervorgeht, wonach das Sittengesetz „im Sinne der allgemeinen grundlegenden Anschauungen über die ethische Gebundenheit des Einzelnen in der Gemeinschaft" ausgelegt werden soll. Die Ausdrücke „allgemein", „grundlegend", „ethisch" und „Gebundenheit" deuten darauf hin, daß hier nicht das notwendigerweise wandlungsfähige und relative Sittengesetz des Art. 2 Abs. 1 GG gemeint sein kann. Das unterstreichen diejenigen Ausführungen dieses Urteils, die feststellen, daß nicht schon die bloße Darstellung sittlich mißbilligter Vorgänge, sondern nur eine Verherrlichung unsittlicher Zustände durch Kunstwerke, die diese Zustände als erstrebens- und nachahmenswert erscheinen lasse, ein Einschreiten gegen diese Kunstwerke möglich mache.

[72]) Die praktischen Konsequenzen seiner Meinung läßt Erbel erkennen, wenn er Beispiele anführt (aaO. S. 150). Hier deutet er an, daß z. B. die Darstellungen auf den Spitzenamphoren des Töpfers Kleophrades, die Fresken von Pompeji, etliche Aktzeichnungen von Leonardo da Vinci oder Goethes „Venetianische Epigramme" Motive (wie z. B. die geschlechtliche Paarung) enthielten, deren Darstellung in so offener Form dem „normalen" Schamgefühl nicht selten zuwiderlaufen würde. Auch dürfte seines Erachtens z. B. bei den „Wendekreis-Romanen" von Henry Miller oder dem Ingmar Bergmann-Film „Das Schweigen" das Vorliegen einer Verletzung des sittlichen Gefühls und damit einer „sittenwidrigen Kunst" durchaus möglich sein. Erbel zeigt also für die Praxis eine engere Einstellung, als sie bisher auf diesem Gebiet von den zuständigen Verwaltungsbehörden und Gerichten vertreten worden ist, denn der Film „Das Schweigen" wurde weder vom Verwaltungsgericht Koblenz noch vom Oberverwaltungsgericht Rheinland-Pfalz (vgl. UFITA Bd. 50 (1967) S. 733 ff.) als „sittenwidrig" bezeichnet, und es wurde auch von keiner Staatsanwaltschaft ein objektives Beschlagnahmeverfahren gegen diesen Film eingeleitet. Wegen der Miller-Romane hat die Bundesprüfstelle für jugendgefährdende Schriften nicht einmal einem auf Jugendgefährdung gestützten Indizierungsantrag stattgegeben. (Nur ein Urteil des OLG Düsseldorf in UFITA Bd. 44 (1965) S. 370 liegt auf der von Erbel vertretenen Linie.)

[73]) UFITA Bd. 20 (1955) S. 190.

[74]) Wie oben S. 28 und 37 erwähnt.

Diese weite Auslegung der Kunstfreiheit durch das Bundesverwaltungsgericht ist in späteren Urteilen dieses Gerichts, die sich auf die Frage der Kunstfreiheit bei jugendgefährdenden Schriften beziehen, ausdrücklich bestätigt worden[75]). Hier hat das Bundesverwaltungsgericht den Grundsatz aufgestellt, daß die Kunstfreiheit absoluten Vorrang vor dem Jugendschutz habe und deshalb auf diesem Gebiet keine Güterabwägung im Einzelfall stattfinden könne. Dabei wird diese Priorität der Kunstfreiheit nicht allein aus der entsprechenden Vorschrift des Jugendgefährdungsgesetzes hergeleitet, sondern ausdrücklich auf die Kunstfreiheitsgarantie des Art. 5 Abs. 3 GG hingewiesen, die durch das Jugendgefährdungsgesetz nicht eingeschränkt werden dürfe. Es heißt in diesem Urteil, daß die Kunstvorbehaltsvorschrift des Jugendgefährdungsgesetzes die Kunstfreiheitsgarantie nicht begrenzen, sondern höchstens wiederholen oder erweitern könne. Da das Jugendgefährdungsgesetz zweifellos zu den Rechtsnormen der Verfassungsordnung gehört, wird durch dieses BVG-Urteil bekräftigt, daß die Kunstfreiheit nicht der Schrankentrias des Art. 2 Abs. 1 GG unterliegt.

In einer neuen Entscheidung[76]) hat das Oberverwaltungsgericht Rheinland-Pfalz diese Auffassung des Bundesverwaltungsgerichts unterstrichen und klar und eindeutig die Gründe gegen die Anwendung der Schrankentrias des Art. 2 Abs. 1 GG auf die Kunstfreiheit des Art. 5 Abs. 3 GG wie folgt formuliert:

> „Abzulehnen ist allerdings die im Schrifttum und in der Rechtsprechung vertretene und von den Beklagten gebilligte Ansicht, daß die Freiheit der Kunst, wie alle Grundrechte, durch den Gemeinschaftsvorbehalt des Art. 2 Abs. 1 GG eingeschränkt sei. Denn versteht man unter der verfassungsmäßigen Ordnung im Sinne des Art. 2 Abs. 1 GG mit dem Bundesverfassungsgericht die gesamte verfassungsmäßige Rechtsordnung, also auch die Vorschriften der Polizeigesetze, so würde die Ausdehnung des Gemeinschaftsvorbehalts auf andere Grundrechtsvorschriften zu einer solchen Einschränkung der Grundrechte führen, daß ihnen ihre Bedeutung weitgehend genommen wäre. Denn alle Grundrechte würden durch den Gemeinschaftsvorbehalt der verfassungsmäßigen Ordnung zugunsten der öffentlichen Sicherheit und Ordnung einschränkbar sein. Das kann aber nicht der Sinn der besonderen Grundrechtsvorschriften, die keine Einschränkung durch Gesetze oder auf Grund eines Gesetzes vorsehen, sein."

---

[75]) UFITA Bd. 48 (1966) S. 326.
[76]) UFITA Bd. 50 (1967) S. 741.

Diesen Ausführungen ist in vollem Umfang beizupflichten. Die Anhänger der Lehre von der Schrankentrias kommen tatsächlich in einen unlösbaren Widerspruch, indem sie entweder mit dem Bundesverfassunggericht unter der „Verfassungsordnung" der Schrankentrias sämtliche allgemeinen Gesetze verstehen und dann die Kunstfreiheit durch alle diese Gesetze einschränken lassen müssen oder indem sie die Schrankentrias im Sinne von Elementarschranken enger auslegen und sich dann zwangsläufig in Gegensatz zu der hier maßgebenden Rechtsprechung des Bundesverfassungsgerichts begeben.

Obwohl das Bundesverfassungsgericht noch keine unmittelbare Entscheidung über den Umfang der verfassungsrechtlichen Kunstfreiheitsgarantie treffen konnte, lassen sich doch bereits jetzt aus anderen BVerfG-Urteilen Grundsätze entnehmen, die für die vorliegende Problematik von größter Bedeutung sind und auf der Linie einer weitgehenden Kunstfreiheitsgarantie und einer Ablehnung der Schrankentrias als Kunstfreiheitsgrenze liegen. Das geht vor allem aus der Entscheidung des Bundesverfassungsgerichts vom 16. Januar 1957[77]) hervor, die in den erwähnten Entscheidungen der Verwaltungsgerichte Koblenz und Rheinland-Pfalz zitiert und angewandt wird. Hier hat das Bundesverfassungsgericht den Grundsatz aufgestellt, daß das Grundgesetz neben der allgemeinen Handlungsfreiheit des Art. 2 Abs. 1 GG die Freiheit menschlicher Betätigung für bestimmte Lebensbereiche, die nach den geschichtlichen Erfahrungen dem Zugriff der öffentlichen Gewalt besonders ausgesetzt sind, durch besondere Grundrechtsbestimmungen geschützt habe. Der Gemeinschaftsvorbehalt des Art. 2 Abs. 1 GG soll nur für die dort gewährleistete allgemeine Handlungsfreiheit gelten. Bei den anderen Grundrechten habe das Grundgesetz durch abgestufte Gesetzesvorbehalte abgegrenzt, in welchem Umfang in dem jeweiligen Grundrechtsbereich eingegriffen werden kann. Dieser Grundsatz besagt für die Kunstfreiheitsgarantie des Art. 5 Abs. 3 GG nach deren Wortlaut und systematischem Zusammenhang, daß sie nicht dem Gemeinschaftsvorbehalt und der Schrankentrias nach Art. 2 Abs. 1 GG unterfallen kann.

Aber auch das „Lüth-Urteil" des Bundesverfassungsgerichts[78]) ist hier bedeutungsvoll. Wenn das Bundesverfassungsgericht in diesem Urteil sogar im Hinblick auf das Grundrecht der

[77]) BVerfGE 6,32.

[78]) NJW 1958, 257.

Meinungsfreiheit, das nach Art. 5 Abs. 2 GG ausdrücklich dem Gesetzesvorbehalt unterliegt, feststellt, daß wegen der konstituierenden Bedeutung dieses Rechts für die Willensbildung im Rechtsstaat die es beschränkenden Gesetze ihrerseits einschränkend ausgelegt werden müßten, so weist das eindeutig darauf hin, daß die Kunstfreiheit nach Art. 5 Abs. 3 GG, die keinen ausdrücklichen Gesetzesvorbehalt kennt, eine weitergehende Freiheit von Schranken genießen muß. Gleichzeitig widerlegen diese Ausführungen schlüssig und begründet die in der wissenschaftlichen Literatur vorherrschende und vom Bundesgerichtshof angewandte Theorie von der die Kunstfreiheit begrenzenden Schrankentrias. Denn diese Theorie läuft im Ergebnis darauf hinaus, daß für die Kunstfreiheit die gleichen Grenzen gelten sollen, wie sie das Bundesverfassungsgericht für die freie Meinungsäußerung anerkannt hat, da auch die Anhänger der Schrankentrias davon sprechen, daß die gesetzlichen Vorschriften des Gemeinschaftsvorbehalts die Kunstfreiheit zwar beschränken, aber im Hinblick auf die Bedeutung der Kunst einschränkend ausgelegt werden müßten. Es dürfte aber allgemein anerkannt werden müssen, daß nach Wortlaut, systematischer Einordnung und Zweck die Kunstfreiheitsgarantie des Art. 5 Abs. 3 GG einen größeren Umfang haben soll und muß, als die Garantie der freien Meinungsäußerung.

Man kann nicht umhin, mit Bedauern festzustellen, daß trotz einer von Anfang an erfreulich freiheitlichen Rechtsprechung des Bundesverfassungsgerichts und des Bundesverwaltungsgerichts auf dem Gebiet der Freiheit der Kunst und der Meinungsäußerung die Rechtslehre dieser Rechtsprechung nur durch wenige Autoren gefolgt ist und sie nur wenig unterstützt hat. Die vorherrschende Meinung in der Rechtslehre hat sich bemüht, mit vielen, aber nicht stichhaltigen Argumenten, die Kunst wieder in das Prokrustes-Bett der verschiedenartigsten Schranken zu legen und damit eine konservative Einstellung gezeigt, die leicht reaktionäre Tendenzen auf diesem Gebiet fördern könnte. Offensichtlich hat man hier Angst vor der Freiheit gehabt und den berühmten Spruch von Morgenstern umgekehrt dahin ausgelegt, daß „nicht sein darf, was nicht sein kann". Es ist zu begrüßen, daß die Verwaltungsgerichte sich bisher hiervon nicht haben beeinflussen lassen, sondern an ihrer freiheitlichen Rechtsprechung festgehalten haben.

6. Der dialektische Prozeß zwischen Kunstfreiheit und Sittenordnung

Wenn man von den in dieser Abhandlung entwickelten Begriffen der „Kunst" und des „Sittengesetzes" ausgeht, deren Berechtigung ausführlich nachgewiesen wurde, kommt man zu dem Ergebnis, daß die Kunstfreiheit eindeutig das Primat vor der Bindung an das Sittengesetz haben muß, d.h. also, daß das Sittengesetz der Kunstfreiheit keine Grenzen setzt. Solche Grenzen können höchstens in den ethischen Grundnormen der Verfassung liegen, so daß nur zwischen ihnen und der Kunstfreiheit im Einzelfall eine wertende Abwägung über das jeweilige Primat der künstlerischen Freiheit oder der ethischen Bindung stattzufinden hat.

Dieses Resultat ergibt sich schon aus Wortlaut und systematischer Stellung des Art. 5 Abs. 3 GG, insbesondere im Verhältnis zu Art. 2 Abs. 1 GG, aber vor allem aus dem Sinn und Zweck der Kunstfreiheitsgarantie. Es steht im Einklang mit der richtig verstandenen und interpretierten Rechtsprechung des Bundesverfassungsgerichts und des Bundesverwaltungsgerichts. Der Wortlaut und die systematische Einordnung des Art. 5 Abs. 3 GG heben ihn einwandfrei ab von der Vorschrift des Art. 2. Abs. 1 GG. Die besondere Erwähnung der Kunstfreiheitsgarantie in Art. 5 Abs. 3 GG wäre sinnlos, wenn man die Kunstfreiheit über den Gemeinschaftsvorbehalt des Art. 2 Abs. 1 GG doch wieder den sämtlichen Rechtsnormen und allgemeinen Gesetzen unterstellen würde. Man würde dann praktisch die Kunstfreiheit nicht anders behandeln als heute schon gemäß der höchstrichterlichen Rechtsprechung des Bundesverfassungsgerichts die Meinungsfreiheit, bei der auch die beschränkenden Gesetze einschränkend ausgelegt werden müssen, wie das die Anhänger der Theorie der Schrankentrias für die Kunstfreiheit verlangen. Es wäre eine glatte Mißachtung von Wortlaut und systematischer Stellung des Art. 5 Abs. 3 GG, wenn man dadurch künstlich aus einer Sonderstellung der Kunstfreiheit eine Gleichstellung mit der Meinungsfreiheit, der Freiheit der Information und der Freiheit der Berichterstattung machen würde, die ausdrücklich einem Gesetzesvorbehalt unterliegen.

Vor allem aber sprechen Sinn und Zweck des Art. 5 Abs. 3 GG für eine ganz umfassende Garantie der Kunstfreiheit. Was in dieser Hinsicht schon bei Erläuterung des Kunstbegriffs kurz angedeutet wurde, soll nunmehr genauer erklärt werden. Der Art. 5 Abs. 3 GG formuliert die Kunstfreiheitsgarantie so absolut, weil der Grundgesetzgeber die fundamentale und existentielle Funktion der Kunst für den liberalen und demokratischen Rechtsstaat klar erkannt hat, sicher auch aus dem Kontrast gegen die Kunstentwicklung in dem autoritären und totalitären Staat der jüngsten Vergangenheit. Diese Funktion der Kunst resultiert daraus, daß Künstler und Kunst aufgrund der Wesensmerkmale der Kunst, die in der Phantasie, im Ästhetischen und in der Qualität liegen, zukünftige Entwicklungen vorausahnen und mit ihren besonders wirkungsvollen Gestaltungselementen beeinflussen, also entscheidend zum Selbstverständnis des Menschen und der Gesellschaft und zur Förderung menschlicher und gesellschaftlicher Erkenntnisse und Veränderungen beitragen können.

Die künstlerische Bedeutungskomponente der Phantasie, die besondere Ausprägung des Genialen beim Künstler befähigen ihn, Zukünftiges vorwegzunehmen, Kommendes zu konzipieren. Es gibt hierfür in der Kultur- und Kunstgeschichte zahlreiche überzeugende Beispiele. Es sei nur verwiesen auf Goethes frühzeitige, vor allem in den beiden Teilen des „Faust" niedergelegte Erkenntnis über Perspektiven und Dämonie des naturwissenschaftlichen Fortschritts bis zur Urzelle und zum Atom[79]). In mehr äußerlicher Weise haben Jules Verne und H. G. Wells die technische Zukunft und die automatisierte Massengesellschaft vorausgeahnt. Lange vor den wissenschaftlich fundierten und institutionalisierten Fächern der Psychologie, Psychosomatik und Psychoanalyse haben Philosophen, wie Nietzsche und Kierkegaard (die auch Künstler waren) und Dichter, wie Proust und Joyce, gleichartige Erkenntnisse in ihren Werken aufschlußreich und einprägsam wiedergegeben. Wie oft haben Architekten, deren Bauwerke der Allgemeinheit zunächst fremd, ja sogar lächerlich erschienen, den für die Zukunft richtigen und zweckmäßigen Baustil erkannt, der dann bereits nach relativ kurzer Zeit von der Öffentlichkeit anerkannt und begrüßt wurde. Diese Begabung der Künstler prädestiniert sie zu Schrittmachern und Vorläufern der Zukunft.

Die künstlerische Bedeutungskomponente der Gestaltungskraft, die in der Phantasie, im Ästhetischen und in der Qalität ihren Ausdruck findet, gibt dem Kunstwerk besondere Wirkungsmöglichkeiten. Es ist über die Frage der Wirkungsmöglichkeiten der Kunst in positiver und negativer Hinsicht viel geschrieben worden, wobei die Auffassungen zwischen skeptischer Ablehnung und enthusi-

---

[79]) Vgl. hierzu den Vortrag von Prof. Heisenberg anläßlich der vorjährigen Tagung des Goethe-Instituts in Weimar; abgedruckt in „Frankfurter Allgemeine Zeitung" vom 23. Mai 1967.

astischer Befürwortung schwanken. Es ist zuzugeben, daß der Beweis für die Wirkung von Kunstwerken im Einzelfall nicht leicht zu führen ist[80]). Aber trotzdem dürften sich einige grundlegende Feststellungen zu den Wirkungsmöglichkeiten und Wirkungsarten der Kunst treffen lassen.

Da ist zunächst die kulinarische Wirkung der Kunst, die in der spielerischen Freude am Künstlerischen besteht und durch Kontemplation, Lebensgenuß und Entspannung für die Kunstkonsumenten einen menschlich und sozial wesentlichen und positiven Ausgleich gerade in der automatisierten und technisierten Gesellschaft mit sich bringt. Sie vermag dadurch Individuelles und Menschliches zu bewahren und zu erhalten. Diese Wirkung der Kunst dürfte wohl kaum bestritten werden.

Da ist weiter die Auswirkung der engagierten Kunst, die durch Analyse und Kritik gesellschaftliche Entwicklungen auf kulturellen und politischen Gebieten hemmen oder fördern kann. Hier ist bei der Gläubigkeit des heutigen Menschen an die „facts" sicher nicht eine sofortige und direkte Auswirkung von Kunstwerken festzustellen, wie sie z. B. bei Informationen, Berichterstattungen oder Meinungsäußerungen eintreten kann. Dafür können die Gestaltungskräfte der Kunst eine zwar indirektere und langsamere, aber umso intensivere und dauerhaftere Wirkung erzielen. Auch ist zu beachten, daß Kunst häufig nicht unmittelbar auf die breite Masse des Publikums, aber dafür um so nachhaltiger und tiefer auf die Schicht der sog. Meinungsbildner einwirkt, die dann ihrerseits das künstlerische Gedankengut einem größeren Publikum vermitteln. Will man leugnen, daß Künstler, wie *Brecht, Proust* und *Joyce* auf eine Intelligenzschicht prägend gewirkt und von hier aus beachtlichen Einfluß auf die gesellschaftlichen Entwicklungen genommen haben? Nicht nur „Der Tolle Tag" von *Beaumarchais* und „Die Stumme von Portici" von *Aubert* haben zur Vorbereitung revolutionärer Ereignisse beigetragen, sondern auch die Romane der *Tolstoi, Dostojewski* und *Gorki*, welche die leitende Gruppe der russischen Intellektuellen und Revolutionäre des Jahres 1917 in ihrer geistigen Einstellung und dadurch in ihrem gesellschaftlichen

---

80) So z. B. die Kritik von Mosel in UFITA Bd. 50 (1967) S. 600 und auch Marcuse, aaO. S. 256 wie folgt: „... Goethe hat zu Eckermann gesagt: ‚Es müßte schlimm zugehen, wenn das Lesen unmoralischer wirken sollte als das Leben selber, das täglich der skandalösen Szenen im Überfluß, wenn nicht vor unseren Augen, doch vor unseren Ohren entwickelt. Selbst bei Kindern braucht man wegen der Wirkungen eines Buchs oder eines Theaterstücks keineswegs zu ängstlich zu sein. Das tägliche Leben ist, wie gesagt, lehrreicher als das wirksamste Buch' ..."

Verhalten maßgebend beeinflußt haben. Will man abstreiten, daß der Widerstand gegen Diktaturen entscheidend durch Künstler verstärkt worden ist, wie z. B. gegen das Dritte Reich durch die Emigrantenliteratur von Thomas *Mann* über Carl *Zuckmayer* bis zu Bertolt *Brecht*? Haben nicht Filmkünstler, wie *Godard, Antonioni, Pasolini, Bunuel, Fellini, Resnais, Bergman* und *Sjöman* mit ihren Filmen leitbildhaft auf die jugendlichen Intellektuellen eingewirkt, die wieder ihrerseits in der Zukunft wichtige gesellschaftliche Positionen bekleiden und entsprechenden gesellschaftlichen Einfluß nehmen werden? Haben nicht Maler, wie Hieronymus *Bosch,* Francesco *Goya,* Käthe *Kollwitz* und George *Grosz,* mit ihren Gemälden, Zeichnungen und Karikaturen erschütternde Wirkungen erzielt? So große Philosophen und Denker, wie *Aristoteles* und *Lessing,* haben überzeugend nachgewiesen, daß das Kunstwerk beim Kunstkonsumenten „Furcht und Mitleid" zu erregen in der Lage ist. So dürfte es tatsächlich genügend repräsentative Beispiele für die Wirkungsmöglichkeiten der engagierten Kunst geben, auch wenn es sich hier häufig um einen langwierigen und langsamen Prozeß handelt.

Die Kunst hat also eine fundamentale und existentielle Funktion im liberalen und demokratischen Rechtsstaat. Sie soll den Raum des Menschlichen und Privaten, der gerade durch die bürokratisierte und mechanisierte Massengesellschaft stark bedroht ist, durch Spiel und Freude, durch Kontemplation und Amüsement erhalten bzw. erweitern. Sie soll durch Analyse und Kritik die gesellschaftlichen Verhältnisse, die in dieser durch Establishment und Konformismus bestimmten Massengesellschaft für den Einzelnen immer schwerer durchschaubar werden, transparent machen und dadurch Entwicklungen und Änderungen dieser gesellschaftlichen Verhältnisse vorbereiten und ermöglichen. Diese Funktionen hängen untrennbar mit den typischen musischen Ausdrucksmitteln und schöpferischen Gestaltungsformen der Kunst zusammen, die eine besondere Suggestivität und Attraktivität besitzen, so daß die entsprechenden Aufgaben nicht in gleicher Weise durch andere geistige Ausdrucksformen durchgeführt werden können.

Zur Realisierung dieser bedeutsamen Aufgaben bedarf die Kunst der weitgehenden Freiheit, und hier liegt das entscheidende Motiv für ihre umfassende Freiheitsgarantie. Das gilt vor allem gegenüber dem Sittengesetz als einem der Hauptfaktoren, die zu Einschränkungen der Kunstfreiheit führen können, da auf dem Gebiet der Kollision zwischen Künstlerischem und Sittlichem die meisten Auseinandersetzungen über die Einschränkung künstlerischer Freiheit vorkommen[81]). Wenn hier nicht eindeutig das Primat der Kunstfreiheit garantiert wird, ist sowohl die kulinarische wie die analysierende und kritisierende Funktion der Kunst in der freiheitlichen Gesellschaft gefährdet. Wie kann die Kunst ihrer Aufgabe, die wandlungsfähigen und relativen Wertvorstellungen der jeweils herrschenden Sittenordnung zu wandeln, noch nachkommen, wenn das jeweils herrschende Sittengesetz ihrer Freiheit Grenzen ziehen soll? Wie kann die Kunst noch durch Provozieren und Schockieren den Bruch mit Tabus und Konventionen unterstützen, wenn sie das Sittengesetz als den Hort solcher Konventionen und Tabus zur Schranke hat? Dabei muß die Kunst, wenn sie ihrer gesellschaftlichen Funktion nachkommen will, Mißstände aggressiv kritisieren, also schockieren und provozieren dürfen. Es ist nämlich eine Erfahrungstatsache, daß gerade solche sittlichen Vorstellungen und Vorschriften, die durch Änderung der gesellschaftlichen und wirtschaftlichen Zustände und Verhältnisse nicht mehr gerechtfertigt sind, häufig tabuisiert werden und sich hartnäckig und zähflüssig gegen ihre Aufhebung oder Abschaffung zur Wehr setzen, so daß nur eine grelle und krasse Beleuchtung dieser Zustände durch entsprechende Kunstwerke zu helfen vermag. Es gibt eben bei richtiger Definition der Begriffe keine „unzüchtige Kunst", sondern nur „Schriften, Abbildungen und Darstellungen nichtkünstlerischer Art" im Sinne der §§ 183 und 184 StGB. Denn diese strafrechtlichen Vorschriften schützen immer nur die jeweils gültigen moralischen Konventionen und Tabus, die einer ständigen Wandlung unterliegen und daher der Kunst keine Grenzen setzen können. So können z. B. künstlerische Beschreibungen und Darstellungen sexueller Intimitäten nicht als „unzüchtig" verboten werden, da es hier nicht um eine Verletzung ethischer Grundnormen, sondern höchstens des wandelbaren Sittengesetzes geht, das keine zulässige Schranke für die Kunstfreiheit bildet (siehe oben S. 32 ff.).

Man sollte den dialektischen Prozeß zwischen Sittengesetz und Kunstfreiheit als dem Bewahrenden und dem Vorantreibenden dem freien Spiel der Kräfte und nicht der Reglementierung durch Verbote künstlerischer Äußerungen überlassen. Wie absurd würde es angesehen werden, wenn man auf die Idee käme, bei der von vielen Autoren vorgeschlagenen Güterabwägung zwischen Kunstfreiheit und Sittengesetz die weitere Verbreitung und Propagierung

[81]) So mit Recht Mosel in UFITA Bd. 50 (1967) S. 606.

sittlicher Wertvorstellungen wegen ihres Widerspruchs zu höherwertigen künstlerischen Äußerungen zu untersagen? Aber umgekehrt hat man beim Verbot künstlerischer Äußerungen wegen Widerspruchs zu angeblich höherwertigen sittlichen Vorstellungen keine Hemmungen vor Beschlagnahmen und Verboten.

Der dialektische Prozeß zwischen Sittengesetz und Kunst kann als ein Prozeß zwischen dem demokratischen Majoritätsprinzip und dem rechtsstaatlichen Minoritätenschutz im Rahmen der freiheitlichen Grundordnung gesehen werden. Das Sittengesetz enthält die jeweiligen Wertvorstellungen der Allgemeinheit, ist also ein demokratisches Ordnungsprinzip. Die Kunstfreiheitsgarantie gewährleistet demgegenüber den Schutz der Minorität vor ihrer Majorisierung und ist daher echter Ausdruck des rechtsstaatlichen Freiheitsprinzips. Der oft hoffnungslose Protest des Einzelnen gegenüber Establishment und Konformismus findet wenigstens in der Kunst einen Ausdruck, der auf Beachtung hoffen läßt. So symbolisiert die Kunstfreiheitsgarantie das Prinzip des Minoritätenschutzes, der für die freiheitliche Grundordnung konstituierend ist. Mit Recht erklärt hierzu das Bundesverwaltungsgericht[82]), daß gerade Kunstwerke mit schockierendem Meinungsgehalt auf den Schutz des Art. 5 Abs. 3 GG besonders angewiesen sind.

Man kann das Primat der Kunst schon deshalb verantworten, weil Kunst aufgrund ihrer wesenhaften Gestaltungsmomente nie völlig an der Oberfläche haften bleibt, sondern stets tiefer lotet. Kunst gibt auch bei realistischen, naturalistischen und impressionistischen Werken die Wirklichkeit stilisiert und verschlüsselt wieder. Sie enthält eine tragisch oder heiter, ernsthaft oder ironisch reflektierte Realität. Sie verlangt vom Betrachter Entschlüsselung und damit einen Denkprozeß, der eine primitive Adaption verhindert und in günstigen Fällen Wahrheit sichtbar werden läßt. Hier wird eine schöpferische Unruhe einer weitgehend etablierten und konformistischen Gesellschaft entgegengesetzt, die dadurch ein gesundes Gleichgewicht finden kann. Diese Aufgaben der Kunst dürfen nicht durch ihre Bindung an die jeweils herrschenden Normen des Sittengesetzes, die häufig das Establishment repräsentieren und dem Konformismus dienen, illusorisch gemacht werden.

---

[82]) UFITA Bd. 50 (1967) S. 728.

Der Preis für die Kunstfreiheit liegt zweifellos darin, daß auch Grenzfälle, die das Qualitätsminimum für Kunstwerke gerade erreichen, in den Genuß der Kunstfreiheitsgarantie kommen. Das hat seinen Grund in der Relativität und Subjektivität von Geschmacksurteilen, welche größte Vorsicht bei der Qualitätsabgrenzung, vor allem im Hinblick auf nicht voraussehbare zukünftige Entwicklungen, geboten erscheinen läßt. Dieser Preis ist nicht zu hoch, da er verhindert, daß die besondere Bedeutung der Kunstfreiheit in der heutigen Gesellschaft gefährdet wird. Auch soll man die von solchen Grenzfällen für die Gesellschaft ausgehenden Beeinträchtigungen, also die Sozialschädlichkeit, nicht zu hoch einschätzen, zumal die Kunstwerke minderer Qualität nach Dauer und Intensität nicht die gleiche Wirkung ausstrahlen können, wie die qualifizierten Kunstwerke. Das Gleiche kann man von denjenigen Fällen sagen, in denen die in engagierten Kunstwerken enthaltene Kritik an sittlichen Wertvorstellungen offensichtlich nicht berechtigt erscheint, weil die sittlichen Normen noch Lebensfähigkeit und Dauerhaftigkeit bei der Allgemeinheit besitzen. In solchen Fällen ist die Gebundenheit an diese sittlichen Wertvorstellungen noch so stark im Bewußtsein der Allgemeinheit verankert, daß sie durch die an ihnen in Kunstwerken geübte Kritik nicht ernsthaft gefährdet werden kann. Was noch einen festen Grund in der Gemeinschaft besitzt, kann auch durch ein Kunstwerk nicht erschüttert werden.

Abschließend ist auf die Abgrenzung zwischen der Kunstfreiheit und der Bindung an die ethischen Grundnormen der Verfassung als immanenter grundgesetzlicher Schranken der Kunstfreiheit hinzuweisen. Hier muß eine wertmäßige Güterabwägung im Einzelfall stattfinden, wie sie das Bundesverfassungsgericht bei der Kollision zwischen freier Meinungsäußerung und allgemeinen Gesetzen und das Bundesverwaltungsgericht beim Konflikt zwischen Kunstfreiheit und Sittlichkeit geprägt haben. Da die ethischen Grundnormen im Sinne der obigen Begriffsbildung nur einige ganz besondere dauerhafte sittliche Werte betreffen und auch diese sittlichen Werte im Hinblick auf die Bedeutung der Kunstfreiheit einschränkend ausgelegt werden müssen, wobei es hier weitgehend auf die Ranghöhe des betreffenden Kunstwerkes ankommen wird und auch Tradition und Name des Künstlers eine Rolle spielen werden, kann von hier aus der Kunstfreiheit keine ernsthafte Gefahr erwachsen[83]).[84]) Zur Abwägung zwischen Kunstfreiheit und ethischen Grundnormen darf auf die immer noch richtungsweisenden Ausführungen des Oberverwaltungsgerichts Lüneburg vom 4. November 1952[85]) wie folgt hingewiesen werden, wobei gemäß den in dieser Abhandlung vertretenen Thesen die „öffentliche Ordnung" in Sinne der „ethischen Grundnormen" ausgelegt werden müßte:

„... Eine Verletzung jener Werte, die der verfassungsgemäßen Ordnung zugrunde liegen, ist nicht schon dann gegeben, wenn der Film sich nicht ausdrücklich zu ihnen bekennt. Ein Film, der als wertneutral, als desinteressiert zu bezeichnen wäre, verstößt nicht schon deshalb gegen die öffentliche Ordnung, weil er jenen Werten bewußt oder unbewußt nicht dient. Aber auch durch einen solchen Film wird die öffentliche Ordnung nicht verletzt, der sich darauf beschränkt, lediglich eine Wirklichkeit darzustellen, die an den Grundsätzen der Verfassung gemessen als wertlos zu bezeichnen wäre. Ein Film, der im Zeichen des Neutralismus das darstellt, was er für die Wirklichkeit hält — die sicherlich in vieler Hinsicht tatsächlich von den Wertungen der Verfassung abweicht —, nimmt weder für noch gegen den Wert oder Unwert dieser Wirklichkeit Stellung und kann deshalb bei solcher Beschränkung die wahren Werte nicht verletzen. Ein Verstoß gegen die öffentliche Ordnung liegt schließlich selbst dann nicht vor, wenn ein Film eine neue Wertewelt heraufzuführen versucht, welche die unter die Obhut der Verfassung gestellten Werte ersetzen soll, sofern es in künstlerisch und sittlich verantwortungsbewußter Weise geschieht. Eine Verletzung jener Werte kommt demnach ausschließlich dann in Betracht, wenn ein Film eine unwerthafte Wirklichkeit darstellt und sich zu ihr in einer künstlerisch und sittlich verantwortungslosen Weise bekennt ..."

7. Das Primat der Kunst und die Konsequenzen

Das Primat der Kunst vor dem Sittengesetz bedeutet, daß jedem künstlerisch Schaffenden und im Kunstbereich Tätigen ein entspre-

---

83) Ein gutes Beispiel für die mögliche Kollision zwischen Kunstfreiheit und ethischen Grundnormen dürften die zwei bekannten Theaterstücke „Totentanz" von Strindberg und „Wer hat Angst vor Virginia Woolf" von Albee sein. In beiden wird tatsächlich das „Pan Dämonium" der Ehe in aller Offenheit und Kraßheit geschildert, jedoch in einer Form, welche tragische Wahrheiten evident macht und daher zur kritischen Selbstbetrachtung anregt, die niemals zu einer Verletzung ethischer Grundnormen, sondern eher zu einer Klärung und Läuterung führen kann.

84) Bei der Darstellung von Intimvorgängen (z.B. Geschlechtsverkehr) in Kunstwerken machen sich die künstlerischen Gestaltungselemente des Ästhetischen, Phantasievollen und der Qualität im Sinne einer die „Obszönität" ausschließenden Distanz und Transparenz besonders bemerkbar.

85) Zitiert von Berthold-Hartlieb in „Filmrecht", Beck 1957, S. 265.

chendes subjektives öffentliches Recht gegen den Staat und jede andere obrigkeitliche Institution zusteht. Dieses Recht richtet sich darauf, daß die Kunstfreiheit nicht durch hoheitliche Maßnahmen, die sich auf eine Verletzung des Sittengesetzes stützen, beeinträchtigt werden darf. Dabei ist der Begriff der Beeinträchtigung weit auszulegen und umfaßt jede Verletzung, Hemmung, Störung und Bevormundung unmittelbarer oder mittelbarer, vorangehender oder nachträglicher Art im Hinblick auf die freie Entfaltung künstlerischen Produzierens und Publizierens. Insbesondere rechnet zur Beeinträchtigung jeder Eingriff in die Kunstfreiheit durch Verbot, insbesondere Vor- oder Nachzensur. Schutzgut sind die Herstellung, Vervielfältigung, Verbreitung, Sendung, technische Übermittlung, öffentliche Vorführung bzw. Aufführung oder Bearbeitung von Kunstwerken.

Dieses Recht wirkt sich automatisch zugunsten eines von hoheitlichen Eingriffen aus dem Sittengesetz freien Kunstlebens aus. Hier kann man den drei Grundsätzen von *Erbel*[86]) folgen, die er für dieses freie Kunstleben aufstellt. Der Staat hat sich aller Maßnahmen zu enthalten, die auf eine staatliche Organisierung und herrschaftstechnisch-politische Indienstnahme des Kunstlebens als ganzes abzielen. Der Staat hat die Pflicht, auch solche Maßnahmen zu unterlassen, die mittelbar die Freiheit des künstlerischen Wirkens beeinträchtigen. Der Staat muß nicht nur alles unterlassen, was die Freiheit des Kunstlebens verletzen könnte, sondern er hat sich darüber hinaus bei allen seinen das Kunstleben unmittelbar oder auch nur mittelbar betreffenden Maßnahmen und Regelungen um eine positive Förderung dieser Freiheit zu bemühen. Damit dürfte der Katalog für das freie Kunstleben wohl vollständig aufgeführt sein, wobei es vorliegend auf die Freiheit der Kunst vor den auf das Sittengesetz gestützten, gegen sie gerichteten hoheitlichen Maßnahmen ankommt. Die mittelbare Einwirkung des Staates oder obrigkeitlicher Institutionen auf das freie Kunstleben wird vor allem dort bedeutsam, wo sich der Staat selbst auf dem Kunstgebiet betätigt (z. B. staatliche oder städtische Theater, öffentlich-rechtliches Fernsehen, staatliche oder städtische Kunstsammlungen, staatliche Kunstförderungsmaßnahmen auf dem Filmgebiet u. ä. m.). Hier muß besonders beachtet werden, daß das freie Kunstleben nicht durch hoheitliche Reglementierung mittelbarer Art (Einflußnahme auf künstlerische Programmgestaltung und künstlerische Produktion) unter moralischen oder sittlichen Gesichtspunkten gehindert oder beeinflußt wird.

---

[86]) aaO. S. 99 bis 101.

Der Grundsatz, daß bei Maßnahmen und Regelungen des Staates auf dem Kunstgebiet die Kunstfreiheit und das freie Kunstleben zu berücksichtigen und zu fördern sind und nicht irgendwelchen Einschränkungen aus sittlichen oder moralischen Gründen unterliegen dürfen, bedarf noch einer besonderen Behandlung im Rahmen der direkten staatlichen Kunstförderung. Es stellt sich die Frage, ob der Staat eine positive Kunstförderung (z.B. bei staatlichen Kunstbetrieben oder staatlichen Subventionen für Kunstwerke o.ä.m.) von bestimmten Bedingungen abhängig machen darf, wobei hier vor allem diejenigen Bedingungen interessieren, die aus sittlichen oder moralischen Motiven entspringen. Zunächst ist festzustellen, daß für eine öffentliche Kunstförderung andere Anforderungen an ein Kunstwerk gestellt werden dürfen, als sie für das freie Produzieren und Publizieren solcher Kunstwerke gelten. Das ergibt sich daraus, daß der Staat oder obrigkeitliche Institutionen bei der Gewährung von Mitteln das Recht und die Pflicht haben, für eine ordnungsgemäße Verwaltung und Verwendung dieser Mittel Sorge zu tragen und hierzu bestimmte Anforderungen an die Kunstwerke gehören können. Diese Anforderungen müssen aber immer dem Zweck konform sein, der mit der betreffenden staatlichen Förderungsmaßnahme verfolgt wird (und der selbstverständlich seinerseits nicht verfassungswidrig sein darf) und dürfen die Kunstfreiheit nicht mittelbar beeinträchtigen, also keinen Zensurcharakter tragen. Bedingungen für die Kunstförderung, die sich nicht zwangsläufig aus dem Förderungszweck ergeben, sind unzulässig, weil sie ohne berechtigten Grund die Freiheit der Kunst und das freie Kunstleben mittelbar einschränken würden[87]).

Die Verbindung staatlicher Kunstförderung mit Fragen des Sittengesetzes spielt neuerdings auf dem Filmgebiet eine beachtliche Rolle. In seinem FBW-Urteil[88]) hat das Bundesverwaltungsgericht die von der Filmbewertungsstelle an Filme zwecks Steuerermäßigung erteilten Prädikate „wertvoll" und „besonders wertvoll" grundsätzlich als berechtigte kulturpolitsche Maßnahmen der Bundesländer für den Film anerkannt, soweit die Ablehnung solcher Prädikate, also die Verweigerung der Filmförderung, auf sachgerechten und verfassungs-

[87]) Zu diesem ganzen Komplex vgl. die interessante Abhandlung von Schäuble, Rechtsprobleme der staatlichen Kunstförderung (Diss. Freiburg, 1965). Danach soll es bei der „Kunst" auf die „Idee der Kunst" und die „Umsetzung in Symbole" und nicht auf das gelungene Ergebnis ankommen. Da nach Art. 5 Abs. 3 GG die künstlerische Tätigkeit unabhängig von ihrem Ergebnis frei sei, dürfe der Staat bei seinen Förderungsmaßnahmen lediglich eine Art-Entscheidung (Kunst oder Nichtkunst) und keinesfalls eine Wert-Entscheidung (höhere oder mindere Kunst) treffen.

[88]) UFITA Bd. 47 (1966) S. 324.

konformen Motiven beruht[89]). Hieraus wird man den Schluß ziehen dürfen, daß eine gegenüber einem qualitätvollen künstlerischen Film auf Verletzung des Sittengesetzes gestützte Prädikatsablehnung unzulässig wäre. Sie wäre sachfremd, da es sich bei der Prädikatisierung um die Auszeichnung qualitätvoller und nicht um die Hervorhebung moralischer Filme handeln soll. Sie wäre nicht verfassungsgemäß, da sie das Primat der Kunstfreiheit vor dem Sittengesetz, das auch bei der Kunstförderung zu berücksichtigen ist, mißachten würde. Tatsächlich läßt die Filmbewertungsstelle in ihren gesetzlichen Grundlagen, ihrer Verfahrens- und Geschäftsordnung, und vor allem in ihrer Spruchpraxis keine sachfremden oder verfassungswidrigen Regeln oder Maßnahmen erkennen.

Die Problematik zwischen Kunstförderung, Kunstfreiheit und Sittengesetz stellt sich in besonderem Maße bei dem „Gesetz über Maßnahmen zur Förderung des deutschen Films" (im folgenden kurz „FFG" genannt) und dem „Erlaß über die Förderung des deutschen Films" des Bundesinnenministeriums (im folgenden kurz „Prämienerlaß" genannt), die beide eine sog. „Sittenklausel" enthalten[90]). Diese Vorschriften bedürfen einer verfassungskonformen Auslegung. Der Begriff „sittliches Empfinden" bzw. „sittliches Gefühl" geht weiter als „Sittengesetz" und „ethische Grundnormen", da er in beiden Bestimmungen zusätzlich erwähnt wird.

---

[89]) Insoweit heißt es in diesem Urteil wörtlich folgendermaßen: „... Die Ausgestaltung des Vergnügungssteuerrechts darf nicht dazu führen, daß ein Film aus steuerrechtlichen Erwägungen heraus nicht einmal die Chance hat, aufgeführt zu werden. Darin läge auch ein Verstoß gegen den in Art. 3 GG verankerten Grundsatz der Chancengleichheit (vgl. BVerwGE 17, 306).
Sollte — was das BerG gegebenenfalls auch zu prüfen haben wird — eine derartige Umgehung des Zensurverbots aus tatsächlichen Gründen zu verneinen sein, so bestehen verfassungsrechtliche Bedenken dagegen, daß der Staat im Rahmen seiner Kulturpolitik bestimmte Dokumentar- oder Kulturfilme durch Verleihung von Prädikaten auszeichnet und steuerrechtlich begünstigt, auch im Hinblick auf Art. 5 Abs. 3 GG jedenfalls dann nicht, wenn die Ablehnung des Prädikats auf Erwägungen beruht, die mit den Grundrechten der Verfassung vereinbar sind. In diesem Rahmen darf der Staat auch durch die Handhabung des Steuerrechts Kulturpolitik betreiben. Es wird Aufgabe der Gerichte sein, darüber zu wachen, daß nicht Künstler oder Kunstrichtungen nur deshalb durch die Art der Prädikatisierung zurückgesetzt werden, weil sie mit einer herrschenden Kunstauffassung nicht übereinstimmen. Art. 5 Abs. 3 GG steht somit einer Kulturpolitik durch Prädikatisierung von Filmen nicht entgegen, soweit diese nicht dazu dient, der Tolerierung anderer Kunstauffassungen entgegenzuwirken und damit eine herrschende Kunstrichtung in einer Art zu verfestigen, wie sie um die Jahrhundertwende beispielsweise zu den verschiedenen Sezessionen auf dem Gebiet der Malerei führte ..."

[90]) In § 7 Ziff. 9 FFG heißt es: „Nicht zu fördern sind Filme, die gegen die Verfassung oder gegen die Gesetze verstoßen oder das sittliche oder religiöse Gefühl verletzen". Im Prämienerlaß, Ziff. VI steht: „Gefördert werden können nur Filme, Filmvorhaben, Drehbücher und Drehbuchentwürfe, die angemessene Rücksicht auf die von der Verfassung geschützten Werte, die Gesetze und auf das religiöse und sittliche Empfinden nehmen, und nicht politische Propaganda- und Tendenzfilme sind."

Dadurch ist er nicht einmal durch den Gemeinschaftsvorbehalt des Art. 2 Abs. 1 GG gedeckt, der nur vom „Sittengesetz" und nicht vom „sittlichen Empfinden" spricht. Dazu kommt, daß es sich bei dem „sittlichen Empfinden" um einen äußerst vagen, unbestimmten und kaum faßbaren Begriff handelt, der auf „moralische Emotionen" und nicht auf die eindeutiger zu fixierenden „sittlichen Normen" abstellt. Es muß überhaupt bestritten werden, daß es in einer pluralistischen Gesellschaft ein allgemeingültiges sittliches Empfinden gibt. Während man in einer solchen Gesellschaft noch festlegen kann, welche moralischen Wertvorstellungen als Normen für die Gebundenheit des Einzelnen in der Gemeinschaft jeweils Geltung haben, sind gleichartige Feststellungen bei der Subtilität und Diffizilität gefühlsmäßiger Werte, wie des sittlichen Empfindens, kaum möglich[91]). Die Verletzung des sittlichen Empfindens kann daher grundsätzlich weder bei künstlerischen Filmen (wegen Art. 5 Abs. 3 GG) noch bei meinungsäußernden oder berichterstattenden Filmen (wegen Art. 5 Abs. 1 in Verbindung mit Art. 2 Abs. 1 GG) zur Einstufung als förderungsunwürdig und der daraus resultierenden Verweigerung von Förderungsmitteln führen, da dies verfassungswidrig wäre. Hiergegen kann auch nicht eingewandt werden, daß an die Förderung von Filmen strengere Anforderungen gestellt werden dürften als an die Zulassung dieser Filme. Diese strengeren Anforderungen müssen nämlich sachgerecht und verfassungskonform sein, was beides bei der „Sittenklausel" fragwürdig erscheint, soweit der Begriff des „sittlichen Empfindens" in Betracht kommt. Die Filmförderung nach dem FFG und dem Prämienerlaß hat nach ausdrücklicher Vorschrift[92]) den Zweck, die Qualität des deutschen Films auf breiter Grundlage zu fördern und zu steigern und nicht etwa das sittliche Niveau auf dem Filmgebiet zu heben. Gesetz und Prämienerlaß wollen nach ihrer klar formulierten Zweckbestimmung künstlerischen Filmen sowie guten Unterhaltungsfilmen und nicht etwa konformistisch-braven und moralisch-einwandfreien Produktionen helfen. Sie wollen zur weiteren

[91]) Der bei der Gesetzesbegründung gebrachte Hinweis auf entsprechende Vorschriften im „Hessischen Rundfunkgesetz" kann nicht überzeugen, da dieses Gesetz aus einer Zeit stammt, in der es noch keine klare Begriffsbildung der grundgesetzlichen Vorschriften gab und da ferner das Medium des Fernsehens durch sein Eindringen in die private familiäre Sphäre bei sachgerechter und verfassungskonformer Auslegung anderen Beschränkungen unterliegen kann als der Film.

[92]) Wörtlich heißt es in § 2 Ziff. 1 FFG: „... die Qualität des deutschen Films auf breiter Grundlage zu steigern;" und im Prämienerlaß unter Ziff. I: „Mit dem Deutschen Filmpreis können jährlich besonders hervorragende Leistungen ausgezeichnet werden" und unter Ziff. II: „Hersteller guter abendfüllender Spielfilme können eine Prämie erhalten."

Produktion qualifizierter und qualitätvoller Filme anregen und insoweit — aber nicht auf sittlichem Gebiet — die deutsche Produktion verbessern. Die „Sittenklauseln" müssen also, um verfassungsrechtliche Bedenken auszuräumen, so ausgelegt werden, daß sie nur in Verbindung mit Filmen von „minderwertiger Qualität" zur Anwendung kommen. Dann ist ein sachgerechter Grund für den Ausschluß von Förderungsmaßnahmen gegeben, sowie natürlich bei allen künstlerischen Filmen, welche gegen die „ethischen Grundnormen" als immanente Freiheitsschranken und bei nichtkünstlerischen Filmen, welche gegen das „Sittengesetz" im Sinne des Art. 2 Abs. 1 GG verstoßen. Als Filme von „minderwertiger Qualität", die dazu geeignet sind, sittlich verletzend zu wirken, können Filme angesehen werden, die aus erkennbar spekulativen Gründen ohne jede künstlerische oder meinungsäußernde Bedeutung sittliche oder moralische Wertvorstellungen beeinträchtigen. Bei verfassungskonformer Auslegung der „Sittenklauseln" können diese Filme von den Förderungsmaßnahmen ausgeschlossen werden. (Ebenso Schüßler in „BULLETIN des Presse- und Informationsamtes der Bundesregierung", Nr. 8 vom 19. Jan. 1968 und FILM UND RECHT Nr. 3/1968 S. 81 ff.)

Die Freiheit der Kunst und des Kunstlebens umfaßt das uneingeschränkte Recht für die künstlerisch Schaffenden und im Kunstbereich Tätigen, sich in allen künstlerischen Ausdrucksformen zu entfalten. Der Begriff der Kunst ist im Grundgesetz abstrakt gefaßt und daher auf alle nur möglichen Gebiete zu erstrecken, auf denen man sich künstlerisch ausdrücken kann. Die Kunstfreiheit gilt sowohl für Gemälde und Plastiken wie Kompositionen und Theaterstücke, Romane und sonstige Schriftwerke, Fotografien und Filme, Schallplatten und Fernsehsendungen u. ä. m. Es müssen nur stets die Voraussetzungen des Künstlerischen in Gestalt des Ästhetischen, Phantasievollen und Qualitätsmäßigen gegeben sein. Die Freiheit in der Wahl der künstlerischen Ausdrucksformen bezieht sich auch auf die sog. Massenmedien Presse, Film, Funk und Fernsehen. Das Recht auf künstlerische Freiheit und freiheitliches Kunstleben umschließt das Recht, sich in allen diesen Massenmedien künstlerisch auszudrücken. Das Freiheitsrecht darf nicht nach Medien begrenzt und damit eingeschränkt werden. Eine solche Einschränkung kann auch nicht durch eine hoheitliche Entscheidung über den monopolistischen öffentlich-rechtlichen Charakter eines derartigen Mediums verfügt werden. Die Tatsache, daß z. B. das Fernsehen zur Zeit nur in öffentlich-rechtlichen Anstalten betrieben wird, ist daher verfassungsrechtlich unter dem

Begriff der Kunstfreiheit und des freien Kunstlebens angreifbar, da es den Zugang der künstlerisch Schaffenden und im Kunstbereich Tätigen zu diesem Medium ungebührlich einschränkt. Die in diesem Zusammenhang beim Fernsehen auftauchenden technischen und wirtschaftlichen Probleme sollen keineswegs verkannt oder gering eingeschätzt werden. Sie stehen jedoch einem zusätzlichen privatwirtschaftlichen und privatrechtlichen Betrieb nicht grundsätzlich entgegen. So hat auch das Bundesverfassungsgericht in seinem bekannten Fernseh-Urteil vom 28. Februar 1961 [93]) ausdrücklich festgestellt, daß der Art. 5 GG zur Sicherung der Freiheit auf dem Gebiet des Rundfunks nicht die in den Landesrundfunkgesetzen gefundene und für die Rundfunkanstalten des Bundesrechts übernommene Form fordert. In diesem Urteil heißt es wörtlich, es sei nicht notwendig, daß Veranstalter von Rundfunksendungen nur Anstalten des öffentlichen Rechts sein könnten. Auch eine rechtsfähige Gesellschaft des privaten Rechts könne Träger von Veranstaltungen dieser Art sein, wenn sie die Gewähr dafür biete, daß in ihr alle gesellschaftlich relevanten Kräfte zu Wort kommen. Jedenfalls verlange der Art. 5 GG, daß dieses moderne Instrument der Meinungsbildung weder dem Staat noch einer gesellschaftlichen Gruppe ausgeliefert werde[94]).

---

[93]) UFITA Bd. 34 (1961) S. 81.

[94]) Völlig abwegig ist die neuerdings von Leisner unter der Bezeichnung „Öffentlich-rechtliche Probleme der Beziehungen zwischen Film und Fernsehen" in „Die Öffentliche Verwaltung", Heft 20 vom Oktober 1967, S. 693 entwickelte „Effizienz-Theorie", wonach die grundgesetzlichen Freiheitsrechte und institutionellen Garantien den Medien zum Zwecke der Befriedigung der Bedürfnisse der Allgemeinheit gegeben wären und deshalb nach der effizienten Befriedigung dieser Bedürfnisse „gewichtet" werden müßten. Diese Theorie findet in der Verfassung nicht die geringste Grundlage, da hier die entsprechenden Grundrechte gleichberechtigt und gleichrangig aufgeführt sind. Sie enthält ferner einen eklatanten Verstoß gegen Sinn und Zweck dieser Grundrechte, welche nicht zur „Befriedigung der Bedürfnisse der Allgemeinheit", sondern zur Erhaltung der Freiheitssphäre des Einzelnen und zur Sicherung einer ständigen freien Meinungsbildung als Wesenselemente des freiheitlichen demokratischen Rechtsstaates gegeben worden sind. — Der mit den Grundrechten beabsichtigte Schutz der schwachen Einzelnen gegen die starken staatlichen und gesellschaftlichen Machtgruppen wird durch diese Theorie in sein Gegenteil verkehrt, wodurch sie autoritäre und totalitäre Tendenzen fördern könnte. — Ebenso unbegründet erscheint die Theorie von Dünnwald in dem Artikel „Kunst und Unzüchtigkeit" in der „Juristischen Rundschau", Heft 2, S. 46, wonach ein Kunstwerk dann unzüchtig sei und unter die betreffenden Strafvorschriften fallen könne, wenn im Hinblick auf die Art seiner Veröffentlichung und seines Adressatenkreises der Schutzbereich der Kunstfreiheit des Art. 5 Abs. 3 GG überschritten werde. Diese Abstellung auf den Adressatenkreis findet in der Verfassung keine Grundlage. Sie ist ferner im Hinblick auf die modernen Massenmedien, die fast jedes Kunstwerk im Laufe der Zeit der Öffentlichkeit zugänglich machen, nicht praktikabel. Sie würde zudem in die demokratische Grundordnung esoterische und aristokratische Prinzipien einführen, was ebenfalls verfassungswidrig wäre. Soweit sie als Schranke für den Umfang der Veröffentlichung von „gewagten Kunstwerken" aufgefaßt werden sollte, verletzt sie unmittelbar die Kunstfreiheit selbst, da die unbeschränkte Veröffentlichung des Kunstwerkes unabdingbar zur Kunstfreiheit gehört, und auch fast jedes Kunstwerk nach dem Willen seines Schöpfers eine möglichst weitgehende Verbreitung und Veröffentlichung haben soll. — Vgl. hierzu die Erwiderungen von Hartliebs in „Film und Recht" 1965, S. 200 und 1966, S. 72 ff.

Die Freiheit der Kunst erstreckt sich auf das Recht der künstlerisch Schaffenden und der im Kunstbereich Tätigen, sich bestimmten Selbstbeschränkungen zu unterwerfen. Es kann von keinem künstlerisch Schaffenden und im Kunstbereich Tätigen gefordert werden, daß er sein Werk im Interesse der Allgemeinheit der Öffentlichkeit zugänglich macht, da bereits hierdurch Zwangsmaßnahmen und Reglementierungen im Hinblick auf die Kunstfreiheit durchgeführt würden. Es bleibt dem künstlerisch Schaffenden und dem im Kunstbereich Tätigen überlassen, ob und inwieweit und unter welchen Bedingungen er sein Werk der Öffentlichkeit übermitteln will. Er muß nur jeweils dazu in der Lage sein, diese Entscheidung in völliger Freiheit zu treffen. Von hier aus ergibt sich die Berechtigung einer freiwilligen Selbstkontrolle, wie sie in Gestalt der Freiwilligen Selbstkontrolle der Filmwirtschaft (FSK) etabliert worden ist[95]). Es darf heute als herrschende Lehre betrachtet werden, daß diese FSK keinen Verstoß gegen die Freiheit der Kunst nach Art. 5 Abs. 3 GG und gegen das Zensurverbot nach Art. 5 Abs. 1 GG enthält[96]). Der hiergegen von *Noltenius*[97]) vorgebrachte Einwand, daß die FSK als zwangsweise Gruppenzensur die Filmfreiheit und damit die Kunstfreiheit verletzen könne, übersieht zunächst, daß sich die Grundrechte gegen hoheitliche Maßnahmen des Staates richten[98]), die bei

---

95) Vgl. über Geschichte, Struktur, Organisation, Verfahren und Spruchpraxis der FSK Berthold-Hartlieb, aaO. S. 226 ff.

96) Vgl. hierzu Erbel, aaO. S. 198 wörtlich: „... Da die FSK also zwar im öffentlichen Interesse handelt, aber keine hoheitliche Gewalt ausübt, scheidet eine direkte Grundrechtsbindung nach Art. 5 Abs. 3 GG aus. Aber selbst dann, wenn man, entgegen der hier vertretenen Ansicht, die Drittwirkung von Grundrechten bejaht und die FSK als soziale Macht an die Grundrechte bindet, kann in der Tätigkeit der FSK keine Grundrechtsverletzung gesehen werden. Der von den Maßnahmen der FSK rechtlich betroffene Personenkreis hat nämlich dadurch, daß er sich der FSK unterstellt hat, freiwillig und von vornherein insoweit auf die Ausübung seiner Grundrechte selbst verzichtet, als die Eingriffsbefugnisse der FSK reichen. An der Wirksamkeit dieses Verzichtes, der gleichsam der Selbstüberwachung der Einhaltung der verfassungsrechtlichen Freiheitsschranken (insbesondere der Schranke des ‚Sittengesetzes', vgl. Art. 2 Abs. 1 GG) dient, kann nicht gezweifelt werden. Es ist anerkannt, daß auf die Ausübung von Grundrechten grundsätzlich freiwillig verzichtet werden kann ...".

„... Gegen das Zensurverbot des Art. 5 Abs. 1 Satz 3 GG verstößt die Prüfungstätigkeit der FSK schließlich auch nicht, da die Tätigkeit, wie dargelegt, weder hoheitlicher Natur ist, noch von ‚außen' her ausgeübt wird. Die Urheber und Vermittler der geistigen Äußerungen im Bereich des Filmes unterwerfen sich einer vorbeugenden Selbstkontrolle durch ein Organ ihrer privaten Organisation. Es fehlen also gerade die Merkmale, die traditionell den verfassungsrechtlichen Begriff der Zensur prägen: Die Elemente des Staatlichen und den Eingriff ‚von außen' ..."

Ebenso Ropertz, aaO. S. 127, von Hartlieb in UFITA Bd. 28 (1959) S. 64 ff. und OLG Frankfurt in UFITA Bd. 38 (1962) S. 367 ff.

97) aaO. S. 132.

98) BVG in UFITA Bd. 47 (1966) S. 324 wörtlich: „... Unter diesem rechtlichen Gesichtspunkt ist auch die Vorführung von Filmen gegen Maßnahmen des Staates geschützt ..."

der FSK mangels obrigkeitlicher Gewalt nicht vorliegen und daß eine Drittwirkung der Grundrechte von der herrschenden Lehre abgelehnt wird[99]). Ferner berücksichtigt *Noltenius* nicht, daß die FSK-Bindung von den Betroffenen freiwillig eingegangen wird. Auch die Motive für diese freiwillige Bindung liegen nicht in einem „Gruppenzwang", sondern in der Sorge vor einer sonstigen nachträglichen Beeinträchtigung der Filmfreiheit (z. B. durch Strafvorschriften, Polizeimaßnahmen o. ä. m.) und in der Rücksichtnahme auf die Filmtheaterbesitzer und das Publikum, wobei die hier mitsprechenden wirtschaftlichen Motive der Freiwilligkeit keinen Abbruch tun. Es liegt also rechtlich eine reine Freiwilligkeit vor. Von Bedeutung für die Verfassungsmäßigkeit der FSK ist zusätzlich der Umstand, daß sie nach Struktur, Organisation, Verfahrensvorschriften, Grundsätzen und Spruchpraxis verfassungskonform gestaltet ist. Ihr Aufbau entspricht durch das bei ihr herrschende Majoritätsprinzip den demokratischen Grundsätzen. Durch die Delegation der Hälfte der Prüfer und des Vorsitzenden seitens der Filmwirtschaft, wodurch die Filmwirtschaft die Majorität bei der Erwachsenen-Prüfung besitzt, wird das liberale Prinzip der freiheitlichen Grundordnung gewährleistet. Das Bestehen eines Instanzenzuges mit zwei Berufungsmöglichkeiten und die Zusammensetzung der Ausschüsse aus hauptamtlichen und ehrenamtlichen Mitgliedern bringt das rechtsstaatliche Prinzip zum Tragen. Die Grundsätze sind noch vor Erlaß des Grundgesetzes formuliert worden und entsprechen daher in ihrem Wortlaut nicht mehr den verfassungsrechtlichen Vorschriften, vor allem soweit sie Begriffe, wie das „sittliche und religiöse Empfinden" verwenden. Sie lassen jedoch eine verfassungskonforme Auslegung zu. In der Spruchpraxis hat die FSK, deren Entscheidungen noch zusätzlich der Kontrolle durch die Gerichte unterliegen, eine solche verfassungskonforme Auslegung ihrer Grundsätze berücksichtigt[100]). Die FSK fixiert also prophylaktisch und auf freiwilliger Grundlage die verfassungsrechtlichen Schranken der Filmfreiheit (als Kunst- und Meinungsfreiheit), was nicht verfassungswidrig sein kann.

8. Differenzieren oder Nivellieren?

Es ist in dieser Abhandlung versucht worden, durch klare Differenzierung zwischen Kunst und Nichtkunst, Sittengesetz und ethischen Grundnormen zu einer eindeutigen Begriffsbildung zu kommen und für das Verhältnis zwischen Kunstfreiheit und Sittenordnung

---

[99]) Vgl. Erbel, aaO. S. 212 ff.

[100]) Vgl. z. B. die Zulassung von Filmen wie „Das Schweigen", „Der Krieg ist vorbei", „Blow up", „Paarungen" und „Das Mädchen Nanami" ohne jede Schnittauflage.

verfassungskonforme und zweckgerechte Lösungsmöglichkeiten zu finden. Hierbei ging es insbesondere darum, die Eigengesetzlichkeit der Kunst und ihre menschliche und gesellschaftliche Bedeutung herauszukristallisieren, um ihre besondere Autonomie und Freiheitsgarantie — insbesondere gegenüber der Sittenordnung — zu legitimieren. Es konnte dabei auf der Rechtsprechung des Bundesverfassungsgerichts und des Bundesverwaltungsgerichts aufgebaut werden, während die Rechtsprechung des Bundesgerichtshofes und die vorherrschende Rechtslehre kritisch behandelt werden mußten. Als „pars pro toto" hat die Abhandlung gleichzeitig den generellen Umfang der Kunstfreiheitsgarantie des Art. 5 Abs. 3 GG und der ihr gesetzten Schranken aufgezeigt.

Eine konträr entgegengesetzte Auffassung auch im Hinblick auf das Verhältnis zwischen Kunstfreiheit und Sittenordnung vertritt eine neue Monographie zur Kunstfreiheit von *Knies*[101]). Hier handelt es sich nach der Monographie von Erbel um die zweite größere wissenschaftliche Abhandlung auf diesem Gebiet, die sich nach Umfang, Gründlichkeit und Klarheit mit der Arbeit von Erbel messen kann und vor allem durch die zahlreichen und ausführlichen Zitate aus der Literatur des betreffenden Rechtsbereiches und der einschlägigen philosophischen und künstlerischen Gebiete auffällt. *Knies* geht davon aus, daß seit dem „Sünderin-Urteil" des Bundesverwaltungsgerichts die Kunstfreiheit des Art. 5 Abs. 3 GG im Verhältnis zu den Freiheiten des Art. 5 Abs. 1 GG materiell aufgewertet worden sei. Die Gründe für diese Privilegierung der Kunst seien nicht stichhaltig, da der Art. 5 Abs. 3 GG im Hinblick auf die Schrankenfrage auch die Deutung zulasse, daß das Fehlen eines Schrankenvorbehalts seinen Grund in der Formulierung der Kunstfreiheitsgarantie als Satz objektiven Rechts habe[102]). Die Kunstfreiheitsgarantie des Art. 5 Abs. 3 GG müsse primär als eine objektiv-rechtliche, überindividuelle Freiheitsgarantie und nicht als ein subjektiv-individuelles Freiheitsrecht ausgelegt werden. Die von der herrschenden Lehre vorgenommene Aufwertung der Kunstfreiheit führe zu fragwürdigen Lösungen des Schrankenproblems, die im Ergebnis der Kunstfreiheit eher intensivere als losere Bindungen auferlegten[103]). Diese Aufwertung der Kunstfreiheit habe auch untragbare Ergebnisse hinsichtlich des grundrechtlichen Kunstbegriffes, da sie zur Einführung eines qualitativen Kunstbe-

---

101) „Schranken der Kunstfreiheit als verfassungsrechtliches Problem", Beck, München 1967.

102) aaO. S. 52 ff. und S. 177 ff.

103) aaO. S. 78 ff.

griffes nötige. Die Formulierung dieses qualitativen Kunstbegriffes stelle den Juristen vor unlösbare Schwierigkeiten[104]). Gleichzeitig zwinge dieser qualitative Kunstbegriff den Staat in ein „Kunstrichteramt", indem er ihn zur Auswahl und Festlegung der künstlerischen Bewertungsmaßstäbe und zu einem künstlerischen Qualitätsurteil im Einzelfall verpflichte[105]). Aus der Rechtsnatur der Kunstfreiheit als eines Freiheitsrechtes folge die Unzulässigkeit der inhaltlichen Ausfüllung des grundrechtlichen Kunstbegriffes, so daß Art. 5 Abs. 3 GG ein qualitatives „Definitions- und Differenzierungsverbot" enthalte und nur einen rein technisch-formalen Kunstbegriff gestatte[106]). Der so verstandene Kunstbegriff bedürfe keiner Aufwertung gegenüber der freien Meinungsäußerung, sei deshalb grundrechtlich unter den Art. 5 Abs. 1 GG zu bringen, so daß die Kunstfreiheit genau wie die freie Meinungsäußerung den Schranken der allgemeinen Gesetze (also z. B. auch der „Sittlichkeitsdelikte"), der gesetzlichen Bestimmungen zum Schutz der Jugend und des Rechts der persönlichen Ehre unterfalle[107]). Eine etwa im Interesse der freiheitlichen Entwicklung notwendige Korrektur müsse bei den einschlägigen Gesetzesvorschriften (z. B. §§ 166, 183, 184 StGB und den Vorschriften des „Gesetzes über die Verbreitung jugendgefährdender Schriften") vorgenommen werden[108]).

Es ist *Knies* zuzugeben, daß die Privilegierung der Kunst durch eine besondere Freiheitsgarantie zur Aufwertung der Kunst und damit zwangsläufig zu einem qualitativen Kunstbegriff führt. Eine entsprechende Auffassung wird auch in dieser Abhandlung vertreten. Man kann Knies ferner verstehen, wenn er auf die Schwierigkeiten der Definition von „Kunst" generell und im Einzelfall hinweist. Es ist relativ leicht, durch Aufzählung einer großen Zahl von Kunstdefinitionen innerhalb und außerhalb der Rechtswissenschaft die schon bestehende Verwirrung auf diesem Gebiet noch zu vergrößern. Berechtigt sind schließlich die kritischen Hinweise von Knies auf die nichtssagenden Begriffe „echte Kunst", „wertvolle Kunst", „hohe Kunst" u. ä. m. und auf die Relativität und Subjektivität aller Geschmacksurteile. In dieser Abhandlung ist versucht worden, diesen

---

104) aaO. S. 119 ff. und S. 128 ff.
105) aaO. S. 170 ff.
106) aaO. S. 217 ff.
107) aaO. S. 230 ff.
108) Vgl. auch die zusammenfassenden Thesen aaO. S. 283 bis 288.

beachtlichen kritischen Einwendungen dadurch zu begegnen, daß aus Sinn und Zweck des Art. 5 Abs. 3 GG ein spezieller und klarer abzugrenzender grundrechtlicher Kunstbegriff entwickelt worden ist.

Die kritischen Einwendungen von *Knies* können aber nichts an der Tatsache ändern, daß das Grundgesetz eine besondere Kunstfreiheitsgarantie und einen damit zwangsläufig verbundenen wertenden Kunstbegriff konstituiert. Die Versuche von Knies, die eindeutige Formulierung des Art. 5 Abs. 3 GG dadurch zu umgehen, daß er in der Kunstfreiheitsgarantie primär eine objektiv-rechtliche, überindividuelle Freiheitsgarantie sehen will, schaffen keine andere verfassungsrechtliche Situation. Zunächst bleibt nach der eigenen Meinung von Knies neben dieser überindividuellen Freiheitsgarantie das subjektiv-individuelle Freiheitsrecht erhalten, das Knies nach seinen eigenen Worten nicht „entleeren" möchte, so daß die Frage nach dem qualitativen Kunstbegriff für dieses subjektive Freiheitsrecht unverändert gestellt werden muß. Ferner setzt auch die überindividuelle Freiheitsgarantie einen qualitativen Kunstbegriff voraus, da das Grundgesetz keinesfalls einer „Sache Kunst" im rein technisch-formalen Sinn einschließlich aller minderwertigen und dilettantischen Produkte eine Sonderstellung mit besonderer Freiheitsgarantie einräumen will. Schließlich kann es eine Freiheit der „Sache Kunst" nicht abstrakt, sondern nur konkret durch Freiheit für die individuellen Personen geben, welche die „Sache Kunst" durch „Produzieren und Publizieren von Kunst" repräsentieren. *Knies* kann also auch mit seiner Auslegung des Art. 5 Abs. 3 GG dem qualitativen Kunstbegriff dieser Vorschrift und der Notwendigkeit seiner generellen und individuellen Definition nicht entgehen.

Es bleibt also auch nach den Thesen von *Knies* das Problem einer gültigen Definition für den Kunstbegriff bestehen. Diese Problematik und das damit verbundene „staatliche Kunstrichtertum" teilt dieser Begriff mit zahlreichen anderen unbestimmten Rechtsbegriffen, wie z. B. „Sittengesetz", „unzüchtig", „Jugendgefährdung", „Treu und Glauben", „gute Sitten", „Sicherheit und Ordnung" u. ä. m. In allen diesen Fällen sind bei Streitigkeiten staatliche Ermessensentscheidungen nicht zu umgehen, die in Freiheits- und Gleichheitsrechte eingreifen. Nach den Thesen von *Knies* müßte konsequenterweise auch für alle diese Begriffe ein „Definitions- und Differenzierungsverbot" Platz greifen. Da Knies dies selbst nicht einmal fordert und nach seinen eigenen Thesen gar nicht verlangen kann, da er ausdrücklich die allgemeinen Gesetze (und damit natürlich auch die richterliche Auslegung der in ihnen enthaltenen unbestimmten Rechtsbegriffe) als Kunstschranken anerkennt und hervorhebt, führt er seine eigene Theorie schon hierdurch ad absurdum. Ganz klar zeigt sich die Abwegigkeit der Thesen von *Knies*, wenn man einmal den Fall „unzüchtiger Kunst" betrachtet. Hier will zwar Knies dem Richter die Definition der „Kunst", nicht aber die Definition der „Unzucht" verwehren, da er in den allgemeinen Gesetzen, also auch in den §§ 183, 184 StGB, Schranken für jede Kunstfreiheit sieht. Über die Auslegung des Begriffs des „unzüchtigen Kunstwerkes" kommt jedoch das angeblich verfassungswidrige Kunstrichtertum mit anderen Vorzeichen, aber mit dem gleichen Ergebnis — z. B. der Einschränkung der Kunstfreiheit wegen „Obszönität" — wieder zum Tragen. Die Problematik der Kunstfreiheit, die gerade bei Kollisionen mit der Sittenordnung auftritt, wird also von Knies nicht gelöst, sondern nur auf eine andere Ebene mit sogar stärkeren Beschränkungsmöglichkeiten verlagert. Wenn dem Richter die Entscheidungsbefugnis überlassen bleiben soll, ob ein Kunstwerk „unzüchtig" ist, dann kann man ihm auch die Entscheidung übertragen, ob ein Werk die Voraussetzungen eines Kunstwerkes erfüllt.

Der entscheidende Einwand gegen die Thesen von *Knies* liegt darin, daß sie Zweck und Bedeutung, Besonderheit und Eigenart der Kunst in der freiheitlichen Grundordnung und die daraus resultierende weitgehende grundgesetzliche Freiheitsgarantie für die Kunst überhaupt nicht würdigen. *Knies* bildet einen rein technisch-formalen Kunstbegriff unter dem Motto des „status libertatis", um dann die ganze Kunst den Schranken der allgemeinen Gesetze zu unterwerfen. Aus Sorge darüber, daß die Freiheit durch die künstlerische Qualitätsauswahl eingeschränkt werden könnte, gibt er nicht Freiheit für alle Kunsterzeugnisse im weitesten Sinn, sondern läßt sämtliche Kunstwerke, auch die ausgesprochen qualitätvollen, unter den allgemeinen Gesetzesvobehalt fallen. Ein wahrhaft paradoxes Ergebnis, das an den Satz des „Selbstmordes aus Angst vor dem Tode" erinnert. Ein freiheitsbeschränkendes „Kunstrichtertum" beim wertenden Kunstbegriff scheidet nach der eigenen Theorie von *Knies* doch schon deshalb aus, weil bei einer positiven Entscheidung des Richters durch Anerkennung eines Werkes als Kunstwerk dieses Werk ein Mehr an Freiheit erhält, während bei einer negativen Entscheidung des Richters durch Ablehnung eines Werkes als Kunstwerk dieses Werk immer noch den gleichen Freiheitsumfang und Freiheitsschutz erhält, den laut *Knies* alle Kunstwerke im formal-technischen

Sinne beanspruchen können, so daß von einer Schädigung des „status libertatis" beim „Kunstrichtertum" nicht die Rede sein kann.

Man kann die Theorie von *Knies*, von der er selbst sagt, daß sie der herrschenden Rechtsprechung und Rechtslehre widersprechen würde, und die in dem Satz über die „Bedeutungslosigkeit" des Art. 5 Abs. 3 GG gipfelt[109]), nicht anerkennen, da sie Wortlaut und systematischer Einordnung, Zweck und Bedeutung der Kunstfreiheitsgarantie des Art. 5 Abs. 3 GG glatt widerspricht. Die Verfassung will hier eine Differenzierung. Die Theorie von Knies führt zu einer Nivellierung. Tatsächlich dürfte es mehr im Sinne einer freiheitlichen Grundordnung liegen, wenn wenigstens auf einem beachtlichen Teilgebiet (nämlich der Kunst im qualitativen Sinne) stärkere Freiheitsrechte gewährt werden können, als wenn für das ganze Gebiet (nämlich Kunst im technisch-formalen Sinne) weitergehende Freiheitsrechte ausgeschlossen werden.

Der Hinweis von Knies auf die eventuell notwendige Korrektur von Gesetzen, welche die Kunstfreiheit einschränken, ist zwar beachtlich und begrüßenswert, ändert aber nichts an der hier zu behandelnden verfassungsrechtlichen Problematik. Die Kunstfreiheitsgarantie ist ein unabdingbares Grundrecht, während gesetzliche Vorschriften jederzeit durch Majoritätsbeschluß des Parlaments geändert werden können und damit bedeutungsmäßig wesentlich unter der verfassungsrechtlichen Garantie stehen. Durch die in dieser Abhandlung versuchte Methode der Differenzierung kann auch nicht die Gefahr der stärkeren, weil unbestimmteren Bindungen für die Kunstfreiheit auftauchen. Denn auch die für die Freiheitsschranken maßgebenden Gesetze enthalten unbestimmte Rechtsbegriffe (siehe z. B. „unzüchtig") und unterliegen daher der Auslegung im Einzelfall. Die Auslegung der Kunstfreiheitsgarantie in dieser Abhandlung, wonach sie nur durch die immanenten grundgesetzlichen Schranken der ethischen Grundnormen begrenzt werden kann, führt zu einer beachtlichen Erweiterung des Freiheitsraumes für die Kunst, wobei in kritischen Fällen gemäß der Bedeutung der Kunstfreiheit nach dem Satz zu urteilen ist: „In dubio pro arte!" [110]).

---

109) aaO. S. 254 heißt es wörtlich: „Es mag eingewandt werden, daß bei dieser weiten Auslegung des Art. 5 Abs. 1 GG die Kunstfreiheitsgarantie des Abs. 3 weitgehend eine selbständige Funktion verliert. In der Tat ist nicht zu leugnen, daß in dem Maße die individuelle Kunstfreiheit bereits durch Abs. 1 geschützt wird, Art. 5 Abs. 3 GG keinen zusätzlichen Schutz gewährt und insoweit — grob gesprochen — bedeutungslos ist."

110) Es ist systemgerecht, daß Wissenschaft und Forschung wegen ihrer vergleichbaren Bedeutung für die freiheitliche Grundordnung im GG eine gleichartige Freiheitsgarantie erhalten haben.

FSC
www.fsc.org
MIX
Papier | Fördert
gute Waldnutzung
FSC® C083411

Kolibri 360 GmbH
Ferdinand-Jühlke-Straße 7
99095 Erfurt, Deutschland
produktsicherheit@kolibri360.de